essentials

Essentials liefern aktuelles Wissen in konzentrierter Form. Die Essenz dessen, worauf es als „State-of-the-Art" in der gegenwärtigen Fachdiskussion oder in der Praxis ankommt. *Essentials* informieren schnell, unkompliziert und verständlich

- als Einführung in ein aktuelles Thema aus Ihrem Fachgebiet
- als Einstieg in ein für Sie noch unbekanntes Themenfeld
- als Einblick, um zum Thema mitreden zu können

Die Bücher in elektronischer und gedruckter Form bringen das Fachwissen von Springerautor*innen kompakt zur Darstellung. Sie sind besonders für die Nutzung als eBook auf Tablet-PCs, eBook-Readern und Smartphones geeignet. *Essentials* sind Wissensbausteine aus den Wirtschafts-, Sozial- und Geisteswissenschaften, aus Technik und Naturwissenschaften sowie aus Medizin, Psychologie und Gesundheitsberufen. Von renommierten Autor*innen aller Springer-Verlagsmarken.

Christian Wißmann ·
Felix Maximilian Bathon

Mikro-Trainings

Mit kleinen Impulsen eine neue
Lernkultur in Unternehmen
entwickeln

Christian Wißmann
Accentus GmbH
Gäufelden/Zürich, Deutschland

Felix Maximilian Bathon ⓘ
Accentus GmbH
Gäufelden/Zürich, Deutschland

ISSN 2197-6708 ISSN 2197-6716 (electronic)
essentials
ISBN 978-3-662-71762-2 ISBN 978-3-662-71763-9 (eBook)
https://doi.org/10.1007/978-3-662-71763-9

Die Deutsche Nationalbibliothek verzeichnet diese Publikation in der Deutschen Nationalbibliografie; detaillierte bibliografische Daten sind im Internet über https://portal.dnb.de abrufbar.

Springer Gabler ist ein Imprint der eingetragenen Gesellschaft Springer-Verlag GmbH, DE und ist ein Teil von Springer Nature.
Die Anschrift der Gesellschaft ist: Heidelberger Platz 3, 14197 Berlin, Germany

Wenn Sie dieses Produkt entsorgen, geben Sie das Papier bitte zum Recycling.

Was Sie in diesem *essential* finden können

- Eine detaillierte Einführung in MIKRO-Trainings als modernes Lernformat der Erwachsenen- und Weiterbildung.
- Die Grundprinzipien, Zielgruppen, Anwendungsfelder und Durchführungsformen von MIKRO-Trainings.
- Schritt-für-Schritt-Anleitungen zur Themenfindung, Vorbereitung, Durchführung und Nachbereitung von MIKRO-Trainings.
- Anwendungsorientierte Fallbeispiele und Best Practices aus verschiedenen Branchen und Kontexten.

Vorwort

Die Art und Weise, wie wir zusammenarbeiten, hat sich in den letzten Jahren und Jahrzehnten radikal gewandelt: Digitalisierung, globalisierter Wettbewerb und flexible Arbeitsmodelle prägen den Alltag und fordern Unternehmen dazu auf, sich kontinuierlich anzupassen. Zugleich stehen Mitarbeitende unter dem besonderen Druck, ihr Wissen stets aktuell zu halten und schnell auf neue Herausforderungen zu reagieren.

In unserer Arbeit als Organisationsentwickler beobachten wir, dass Unternehmen verstärkt nach neuen Wegen der Weiterbildung suchen. Gefragt sind Formate, die praxisnahe und passgenaue Unterstützung bieten und sich flexibel in die eng getakteten Kalender von Führungskräften und Mitarbeitenden integrieren lassen. Genau hier setzen MIKRO-Trainings an: Die kurzen, fokussierten Lerneinheiten vermitteln genau das Wissen, das im Arbeitsalltag benötigt wird – und zwar genau dann, wenn es gebraucht wird.

Das Buch richtet sich an alle, die moderne Weiterbildungskonzepte und effektive Problemlösungen erkunden möchten – sei es als Führungskraft, Personal- oder Organisationsentwickler:in, Trainer:in, Coach:in oder engagierte Mitarbeitende. Es liefert sowohl theoretische Einblicke als auch praxisnahe Anleitungen, um MIKRO-Trainings erfolgreich umzusetzen und so eine nachhaltige Lernkultur zu etablieren, die Zusammenarbeit in und Wettbewerbsfähigkeit von Unternehmen stärkt.

Unser besonderer Dank gilt den zahlreichen Organisationen und ihren Mitarbeitenden, die uns in den letzten Jahrzehnten ihr Vertrauen geschenkt haben. Vielen Dank!

Christian Wißmann
Felix Maximilian Bathon

Interessenkonflikt Die Autor*innen haben keine für den Inhalt dieses Manuskripts relevanten Interessenkonflikte.

Inhaltsverzeichnis

Ungestüme Ozeane

1

Ein Unternehmen gleicht heute einem Segelschiff, das durch unberechenbare Ozeane navigiert: Winde der Digitalisierung und wandelnde Kundenbedürfnisse treiben es voran, während tückische Strömungen wie Fachkräftemangel und plötzlich auftauchende Riffe technologischer Disruptionen die Fahrt erschweren. Hinzu kommen stürmische globale Krisen – geopolitischer wie klimatischer Art – und schließlich die mystischen Tiere neuer Arbeitswelten, die gleichermaßen faszinieren und verunsichern.

Eine solche Stimmung erleben wir auch bei unseren Kund:innen: Lange Zeit verlief die Überfahrt über die Ozeane, trotz einiger Wellenbewegungen und unerwarteter Überraschungen aus der Tiefsee, insgesamt erfolgreich. Neue Welten konnten erkundet werden, das Segelschiff war gut ausgestattet, und die Crew arbeitete routiniert zusammen. Doch dann wurden die Wellen höher, das Wetter schlug um, und bewährte Kompetenzen verloren an Bedeutung. Auf einmal gelang es der Crew nicht mehr so verlässlich, das Schiff sicher und stabil durch die scheinbar endlosen Riffe zu manövrieren. Kurzum: Zentrale Anpassungen kamen zu spät oder blieben ganz aus – weder die alten Segel und Technologien noch die Crew wurden rechtzeitig auf die zunehmend rauen Bedingungen vorbereitet.

Wer heute erfolgreich sein will, darf nicht auf ruhige Gewässer hoffen. Krisen gehören zum Organisationsalltag. Vielmehr geht es darum, sich schnell und unkompliziert an anhaltende Herausforderungen anzupassen und die Zusammenarbeit so zu organisieren, dass sich Unternehmen in hoch dynamischen, teils krisenhaften, teils chancenreichen Weltmeeren sicher von Hafen zu Hafen und vor allen Dingen: zu neuen Ufern bewegen können. Mehr denn je gilt es daher,

Lernen, Entwicklung und gute Zusammenarbeit als wichtigste Ressource zu kultivieren.

Für komplexe Problemlagen gibt es keine universelle Lösung, doch gezielte Ansätze können helfen, Herausforderungen nachhaltig zu bewältigen und die Wettbewerbsfähigkeit von Unternehmen zu sichern. Eine entscheidende Rolle spielt dabei eine Lernkultur, die sich an den realen Herausforderungen des Arbeitsalltags orientiert, den Wissensaustausch fördert und die kontinuierliche Weiterentwicklung der Organisation unterstützt. Die Personal- und Organisationsentwicklung trägt hierbei die Verantwortung, Strukturen zu schaffen, die eine solche Lernkultur ermöglichen und langfristig verankern. Aber auch sie befindet sich an Board und steht vor eigenen Herausforderungen: Methoden, die früher als innovativ und erfolgversprechend galten, allen voran klassische Weiterbildungsprogramme, können nicht alle Probleme lösen. Abgesehen davon, dass sie zeitintensiv, teuer und oft schwer in den Arbeitsalltag zu integrieren sind, bleibt die Lücke zwischen Trainingsraum und Arbeitsalltag trotz aller Mühen oft sehr groß.

Dennoch müssen Antworten auf die komplexen Herausforderungen nicht kompliziert sein: Das MIKRO-Training ist ein kompaktes, interaktives Lernformat, in dem praxisnahe Lösungen für konkrete Herausforderungen von Führungskräften, Teams und Mitarbeitenden entwickelt werden. Es zeichnen sich durch Fokus, Praxisnähe und einen hohen Beteiligungsgrad der Teilnehmenden aus, Prinzipien die seine Effizienz, Effektivität und didaktische Einzigartigkeit begründen. MIKRO-Trainings lassen sich flexibel an unterschiedliche Herausforderungen und Zielgruppen anpassen. Sie fördern individuelles und organisationales Lernen gleichermaßen und passen zeitlich in jeden noch so vollen Kalender.

Überblick über das Buch

In Kap. 2 *„Konkret, kompakt und interaktiv: Das MIKRO-Training"* wird das Konzept des MIKRO-Trainings im Detail vorgestellt. Es werden die Grundprinzipien, Zielgruppen, Anwendungsfelder und Durchführungsformate sowie Wurzeln von MIKRO-Trainings vorgestellt und die Anforderungen an die Trainingsleitung und Teilnehmenden dargelegt.

Kap. 3 *„Der Weg zu einer neuen Lernkultur: Ablauf des MIKRO-Trainings"* bietet Ihnen einen klar strukturierten Leitfaden und konkrete Tipps zur Umsetzung von MIKRO-Trainings. Schritt für Schritt wird erklärt, wie Sie ein MIKRO-Training erfolgreich planen und durchführen.

Kap. 4 *„Mit kleinen Impulsen neue Lernkulturen entwickeln"* zeigt, wie MIKRO-Trainings langfristig zu einer flexiblen, zukunftsorientierten Lernkultur beitragen können und was Sie bei deren Einführung beachten können.

Dieses Buch verbindet Theorie und Praxis: In allen Kapiteln finden Sie Beispiele von MIKRO-Trainings – in (Klammern und) Anführungszeichen gekennzeichnet – die wir in verschiedenen Organisationen durchgeführt haben. Zusätzlich bieten Ihnen konkrete Checklisten und anwendbare Tipps Werkzeuge, die Sie unmittelbar in Ihrer Organisation einsetzen können. Lassen Sie sich inspirieren, wie MIKRO-Trainings Ihren Arbeitsalltag erleichtern und zu einer lebendigen Lernkultur beitragen.

Konkret, kompakt und interaktiv: Das MIKRO-Training

2

Das MIKRO-Training ist ein kompaktes, interaktives Lernformat, in dem praxisnahe Lösungen für konkrete Herausforderungen von Führungskräften, Mitarbeitenden und Teams entwickelt werden.

Ein MIKRO-Training dauert 120 bis 180 Minuten und beginnt mit einer kurzen Begrüßung, bei der sich Trainingsleitung und Teilnehmende vorstellen und die Ziele des Trainings erläutert werden.[1] Im anschließenden Trainer-Input werden relevante Konzepte, Methoden oder Best Practices präsentiert. Daraufhin benennen die Teilnehmenden ihre spezifischen Herausforderungen, für die anschließend gemeinsam konkrete Lösungsansätze entwickelt werden. Jede:r Teilnehmende verlässt das Training mit mindestens einer Idee, die er/sie direkt in der Praxis ausprobieren und umsetzen kann. Eine abschließende Zusammenfassung und Verabschiedung beschließen das MIKRO-Training.

2.1 Grundprinzipien und didaktisches Fundament

MIKRO-Trainings zeichnen sich durch einen klaren Fokus, hohe Praxisnähe und aktive Einbindung der Teilnehmenden aus. Diese Prinzipien begründen nicht nur ihre Effizienz, Effektivität und organisatorische Stärke, sondern verleihen dem Format auch eine didaktische Einzigartigkeit, die auf wissenschaftlich fundierten lernpsychologischen Erkenntnissen beruht.

---

[1] Den genauen Ablauf eines MIKRO-Trainings – von der Themenfindung bis zur Nachbereitung – betrachten wir in Kap. 4 anschaulich mit Beispielen aus unseren eigenen Trainings.

Fokus statt Vollständigkeit

Anstatt die Teilnehmenden mit allen Facetten eines Themas zu überfrachten, werden die Trainingsinhalte passgenau auf die Bedürfnisse der Zielgruppe abgestimmt. Ein Unternehmen möchte beispielsweise die „Effektivität von Meetings verbessern". Anstatt in einem 2-tägigen Seminar sämtliche Aspekte des Besprechungsmanagements zu beleuchten, fokussiert das MIKRO-Training auf eine konkrete Herausforderung, wie z. B. „Unsere Meetings dauern oft viel zu lange und werden ständig überzogen – wie bekommen wir mehr Effizienz in unsere Besprechungen?". Weitere Aspekte des Besprechungsmanagements, etwa „Entscheidungen in Meetings: Mit welchen Entscheidungswerkzeugen kommen wir zu verbindlichen Entscheidungen und können deren Akzeptanz fördern?" oder „Beteiligung in Meetings: Was können wir tun, um mehr Interaktion und aktivere Beteiligung zu erreichen?" werden in anderen MIKRO-Trainings bearbeitet.

Dieser Fokus auf das Wesentliche ermöglicht eine mühelose, orts- und zeitunabhängige Integration der Trainings in den Arbeitsalltag – sei es analog oder digital (Abschn. 2.6) – und reduziert zugleich die kognitive Belastung, da Informationen in kleinen, leicht verdaulichen Einheiten vermittelt werden. Das fördert Verständnis, Behaltensleistung und Aufnahmefähigkeit der Inhalte (Sweller et al. 2019). Zudem wird das Langzeitgedächtnis wirksamer gestärkt, wenn Lerninhalte über mehrere Sitzungen verteilt werden, statt sie in einer einzigen Einheit zu behandeln (Cepeda et al. 2006) – eine Folge, die sich besonders dann einstellt, wenn MIKRO-Trainings größere Veränderungsprozesse oder klassische Trainings begleiten (Abschn. 2.5).

Praxisnähe statt Abstraktion

Anstatt abstrakte und praxisferne Inhalte zu vermitteln, rücken MIKRO-Trainings spezifische Lösungen für konkrete berufliche Herausforderungen in den Vordergrund und verknüpfen diese mit den individuellen Erfahrungen der Teilnehmenden. Damit bauen sie sowohl auf einem situativen Lernansatz (Lave und Wenger 1991) als auch dem Prinzip der Elaboration (Fiorella und Mayer 2016) auf, denen zufolge Lernen besonders effektiv und motivierend ist, wenn es in authentische Kontexte eingebettet wird. In einem MIKRO-Training „Feedback: Wie gebe ich wertschätzende Rückmeldung?", das weiter spezifiziert werden kann – z. B. „Wie kann ich meinen Mitarbeitenden auch außerhalb des Jahresmitarbeitergesprächs regelmäßig gutes Feedback geben?" – stehen nicht allgemeine Konzeptdefinitionen im Mittelpunkt, sondern die konkreten beruflichen Herausforderungen, Arbeitssituationen und Erfahrungen der Teilnehmenden, die diese erleben.

Aktivität statt Passivität

Anstatt einer passiven und konsumierenden Haltung werden die Teilnehmenden und deren Fähigkeiten und Kompetenzen in MIKRO-Trainings aktiv eingebunden (Abschn. 2.3). In einem interaktiven und kollegialen Prozess reflektieren sie ihre aktuellen Herausforderungen und bisherigen Bewältigungsstrategien, entwickeln gemeinsam Lösungen und planen konkrete Schritte für deren Transfer in die Praxis. In einem MIKRO-Training zu „Agile Entscheidungsfindung im Team: Wie kann ich meinen Mitarbeitenden mehr Verantwortung übertragen?" werden praktische Übungen und Fallbeispiele eingesetzt, um das Gelernte direkt anzuwenden. Die Trainingsleitung schafft dabei einen Raum der Fehlerfreundlichkeit und sichert durch gezielte Reflexions- und Feedbackphasen die Anwendbarkeit der Trainingsinhalte. Im Sinne des Prinzips des selbstregulierten Lernens und der Metakognition (Panadero 2017) fördert diese aktive Einbindung die Identifikation mit den Ergebnissen, stärkt das Vertrauen in den eigenen Lernprozess und verbessert nachhaltig die Problemlösungsfähigkeiten (Frese und Keith 2015).

Gruppengröße

Da MIKRO-Trainings gezielt auf konkrete Herausforderungen im Arbeitsalltag ausgerichtet sind, kompakt gestaltet werden und eine aktive Beteiligung der Teilnehmenden erfordern, spielt die Gruppengröße und -zusammensetzung (vgl. Abschn. 2.4) eine entscheidende Rolle für den Erfolg. Idealerweise umfasst eine Gruppe vier bis sieben Teilnehmende. Bei mehr als acht Personen empfiehlt sich eine Teilung. Eine kleine Gruppe schafft einen offenen, vertrauensvollen Raum, in dem Teilnehmende ihre Herausforderungen offen teilen, praxisnahe Lösungen erarbeiten und konstruktives Feedback erhalten (vgl. Becker 2016: 46–49). Beispielsweise funktioniert ein MIKRO-Training zur „Konfliktbewältigung im Team: Wie erkenne und bewältige ich Konflikte in meinem Team?" in kleiner Runde besonders gut, da Teilnehmende in einem solchen Umfeld persönliche Konfliktfälle offen ansprechen. In größeren Gruppen hingegen bleiben Interaktionen oft oberflächlich, und Teilnehmende neigen dazu, sich zurückzuziehen.

MIKRO-Trainings sind weit mehr als nur ‚kleine' Trainings: Sie verbinden Wissensvermittlung, individuelle Reflexion und Handlungskompetenz mit kollaborativer Problemlösung und praktischer Anwendung. Dabei zeichnen sie sich nicht nur durch hohe Effizienz und Wirksamkeit bezogen auf die adressierten Herausforderungen aus, sie fungieren – im Sinne eines eigenen Learning-Loops (Hug 2005) – auch als Motor einer lebendigen Lernkultur (Kap. 4).

2.2   Wurzeln des MIKRO-Trainings

MIKRO-Trainings kombinieren Elemente klassischer Formen der Erwachsenen-
und Weiterbildung. Je nach Ausgestaltung können sie stärker den Charakter eines
Trainings, einer Beratung, eines Coachings oder einer kollegialen Fallberatung
annehmen.

**Training und Beratung: Strukturierte Wissensvermittlung und fachliche
Unterstützung**
Training bezeichnet die systematische Vermittlung von Wissen und Fähigkeiten,
um spezifische Kompetenzen der Teilnehmenden gezielt aufzubauen oder weiterzuentwickeln (Salas et al. 2012). „Beratung" umfasst die Bereitstellung von
Fachwissen zur Analyse und Lösung konkreter Herausforderungen oder zur Unterstützung strategischer Entscheidungen (Janes 2023). MIKRO-Trainings verbinden
beide Ansätze miteinander: Während des Inputs werden in zielgerichteten Lerneinheiten praxisnahes Wissen und neue Kompetenzen vermittelt (Abschn. 3.2, 3.3).
Zusätzlich unterstützt die Trainingsleitung die Teilnehmenden mit ihrer Expertise aktiv bei der Analyse individueller Herausforderungen und der Entwicklung
konkreter Lösungsansätze.

In einem MIKRO-Training mit dem Titel „Wie kann ich komplexe Inhalte an
ein fachfremdes Publikum kommunizieren?" stellt die Trainingsleitung im Trainer-
Input zentrale Konzepte und Tools vor – etwa das Transtheoretische Modell, den
Golden Circle und Ikea-Effekt. Die Trainingsleitung begleitet anschließend die
Lösungsentwicklung der Teilnehmenden, indem sie etwa typische Stolpersteine
aufzeigt, praktische Empfehlungen gibt oder Erfahrungen aus ähnlichen Situationen
teilt, die den Teilnehmenden bei der Umsetzung helfen können.

Coaching: Individuelle Entwicklung und Selbstreflexion
Coaching fokussiert sich auf die individuelle Entwicklung und Selbstreflexion,
indem es Ziele klärt, persönliche Potenziale entfaltet und die berufliche wie persönliche Weiterentwicklung fördert (Whitmore 2017). Auch in MIKRO-Trainings
werden Teilnehmende mit gezielten Fragen und Reflexionsimpulsen begleitet, um
eigenständige Lösungen zu erarbeiten. Im Unterschied zum oft exklusiven und
kostenintensiven Einzelcoaching setzen MIKRO-Trainings jedoch auf einen grup-
penbasierten Ansatz, der kollektive Reflexion und den Austausch von Erfahrungen
fördert.

Im MIKRO-Training „Entscheidungen in Stresssituationen: Wie bewahre ich
auch bei hohem Druck einen kühlen Kopf?" reflektieren die Teilnehmenden, welche

Situationen sie als stressend empfinden und warum. Durch gezielte Coaching-Impulse erarbeiten sie individuelle Handlungsschritte, die ihnen helfen, unter Druck fundierte Entscheidungen zu treffen – etwa das schnelle Sammeln relevanter Informationen, das Setzen klarer Prioritäten, die Anwendung von Entscheidungsmodellen und das Vertrauen in die eigene Intuition.

Kollegiale Fallberatung: Gemeinsame Reflexion und Peer-Learning
Die kollegiale Fallberatung (auch Intervision) ist ein strukturiertes Beratungsgespräch in einer Gruppe, das es ermöglicht, berufliche Schlüsselfragen gemeinsam zu reflektieren und Lösungsansätze ohne externe Leitung zu entwickeln (Tietze 2010; Schmid et al. 2023). Meist berät die Gruppe ein einzelnes Mitglied zu dessen Anliegen. MIKRO-Trainings greifen dieses Prinzip auf, indem sie den Erfahrungsaustausch und kollektive Problemlösungsstrategien fördern. Während die Fallberatung meist selbstgesteuert ohne externe Moderation abläuft, werden MIKRO-Trainings von einer Trainingsleitung begleitet, die den Lernprozess strukturiert und zusätzliches Fachwissen einbringt. Zudem konzentrieren sich MIKRO-Trainings auf vorab definierte Herausforderungen, die alle Teilnehmenden betreffen, während sich kollegiale Fallberatung meist auf individuelle Einzelfälle fokussiert. In einem MIKRO-Training zu „Mitarbeitendenmotivation: Wie gelingt es mir als Führungskraft, mein Team nachhaltig zu motivieren?" tragen die Führungskräfte in einem moderierten Dialog zusammen, was sie dazu bereits ausprobiert haben, was davon funktioniert hat und womit sie gescheitert sind. Gerade bei Themen, bei denen viele Erfahrungswerte vorliegen, kommt der Aspekt der kollegialen Fallberatung besonders zum Tragen.

Die Kombination von Elementen aus klassischem Training, Beratung, Coaching und kollegialer Fallberatung schafft eine besondere Lernumgebung, die MIKRO-Trainings zu einem besonders effektiven, flexiblen und praxisorientierten Lernformat macht. Die Teilnehmenden profitieren sowohl von der externen Expertise der Trainingsleitung als auch von den Kompetenzen der Gruppe, während sie ihre eigenen Fähigkeiten weiterentwickeln. Dadurch wird ein ganzheitlicher Lernprozess angestoßen, der nicht nur den individuellen Lernerfolg, sondern auch die kollektive Intelligenz der Organisation stärkt.

2.3   Die Rolle der Trainingsleitung und Teilnehmenden

Die kombinierte Struktur von MIKRO-Trainings aus klassischem Training, Beratung, Coaching und kollegialer Fallberatung bringt besondere Anforderungen an die Trainingsleitung mit sich, die wir im Folgenden anhand des Beispiels „Mitarbeitendenmotivation: Wie gelingt es mir als Führungskraft, mein Team nachhaltig zu motivieren?" veranschaulichen – die Inhalte des Trainings können in Absprache mit den individuellen Anforderungen vor Ort weiter konkretisiert werden, etwa „Motivation ohne Budget: Wie gelingt es mir, meine Mitarbeitenden auch ohne die Möglichkeiten von Beförderung oder Gehaltserhöhung zu motivieren?" oder „Jeder Mensch tickt anders: Motivationstypen erkennen und gezielt fördern".

Die Rolle der Trainingsleitung

Die Trainingsleitung in MIKRO-Trainings übernimmt eine Rolle aus Trainer:in, Berater:in, Coach:in und Moderator:in (Selan 2017): Als **Trainer:in** bereitet sie für das jeweilige Thema relevantes Fachwissen vor und vermittelt es kompakt im Training. Als **Berater:in** unterstützt sie die Teilnehmenden anschließend dabei, ihre Herausforderungen zu konkretisieren und erste Lösungsansätze zu entwickeln. Im MIKRO-Training „Mitarbeitendenmotivation" kann die Trainingsleitung beispielsweise das Zwei-Faktoren-Modell von Herzberg aufbereiten, um Führungskräften zu verdeutlichen, dass es nicht nur darum geht, Motivation zu fördern, sondern auch Demotivation zu vermeiden. Dies ist besonders bedeutsam, wenn Motivation ohne extrinsische Anreize wie Gehaltserhöhungen oder Beförderungen aufgebaut werden soll. Darüber hinaus lässt sich der sogenannte ‚Motivationsradar' nutzen, ein auf den Big Five der Persönlichkeitspsychologie basiertes Modell, das Führungskräften hilft, individuelle Antriebsfaktoren ihrer Mitarbeitenden gezielt zu erkennen und differenziert darauf einzugehen. Die Trainingsleitung kann dazu praxisnahe Best Practices erläutern – etwa regelmäßiges, konstruktives Feedback, zielgerichtete Anerkennung, motivierende Teamrituale, flexible Arbeitsgestaltung oder Job Crafting – und auf typische Fallstricke hinweisen, um die Lösungsentwicklung der Teilnehmenden zu unterstützen.

Als **Coach:in** ergänzt die Trainingsleitung diese Trainer- und Beratungstätigkeit, indem sie zur Eigenreflexion anleitet und die Teilnehmenden motiviert, eigenständig praktikable Lösungen zu entwickeln, um so die Eigenverantwortung der Teilnehmenden zu fördern. Nach der Diskussion eines Problems fragt die Trainingsleitung etwa: „Welche bisherigen Ansätze haben Sie bereits erfolgreich angewendet, und was hat diese für Sie effektiv gemacht?", „Wann waren Sie zuletzt wirklich

motiviert? Was können wir daraus auf die Motivation des eigenen Teams übertragen?" oder „Welche konkreten Schritte könnten Sie morgen einleiten, um Ihre
Teammotivation zu stärken?".

Schließlich übernimmt die Trainingsleitung als **Moderator:in** die Steuerung
der Gruppendiskussion, sorgt für eine ausgewogene Beteiligung und setzt gezielt
Methoden ein – etwa die Simulation eines Motivationsgesprächs mit anschließender
Reflexion. Durch eine strukturierte Moderation werden konkrete Maßnahmen, wie
die Einführung eines regelmäßigen Feedback-Rhythmus, erarbeitet und für den
Transfer in den Arbeitsalltag vorbereitet.

Je nach Thema und Gruppe agiert die Trainingsleitung mal mehr als Trainer:in,
Berater:in, Coach:in und Moderator:in. Dies erfordert nicht nur Erfahrung, sondern
vor allem Empathie und die Fähigkeit, situativ flexibel zu agieren. Regelmäßige
Selbstreflexion hilft dabei, den eigenen Ansatz kontinuierlich weiterzuentwickeln.
In Kap. 3 stellen wir praxisnahe Tipps und Methoden vor, die diesen Prozess
gezielt unterstützen. Darüber hinaus finden Sie unter www.mikro-training.de ein
umfängliches Schulungsangebot für die Leitung von MIKRO-Trainings.

Die Rolle der Teilnehmenden

Die Anforderungen an die Teilnehmenden eines MIKRO-Trainings sind bewusst
niedrig gehalten. Umfangreiches Vorwissen ist nicht erforderlich. Durch klar
formulierte Trainingsüberschriften wissen die Teilnehmenden genau, welche Herausforderungen im Fokus stehen. Eine vertiefende Basis kann durch die Reflexion
der Leitfrage „Welche aktuellen Herausforderungen und Fragen beschäftigen mich
in Bezug auf das Thema besonders?" geschaffen werden. Besonders wirksam
werden MIKRO-Trainings, wenn sie als festes Lernformat im Personalentwick-
lungsprogramm etabliert sind und der Ablauf daher bekannt ist.

Aktive Teilnahme und Selbstverantwortung

Die Teilnehmenden kommen in MIKRO-Trainings, weil sie die in der Überschrift
formulierte Herausforderung aus ihrem Arbeitsalltag kennen und nach praxisnahen Lösungsimpulsen suchen. MIKRO-Trainings bieten dafür einen strukturierten
Raum, in dem sie ihre individuellen Herausforderungen reflektieren, den Austausch
von Erfahrungen und die Erarbeitung konkreter Lösungen sichern. Durch die kompakte Dauer von 120 bis 180 Minuten wird dieser Prozess gezielt moderiert, um
in kurzer Zeit praxisnahe Erkenntnisse zu gewinnen. Während klassische Trainings
stärker auf Theorie und Wissensvermittlung setzen, stehen bei MIKRO-Trainings
die unmittelbare Anwendbarkeit und der direkte Transfer in den Arbeitsalltag im
Mittelpunkt. Das MIKRO-Training lebt in diesem Sinne von der aktiven Teilnahme.

Im MIKRO-Training zur „Mitarbeitendenmotivation" reflektieren die Teilnehmenden beispielsweise Situationen, in denen es ihnen schwerfiel, ihr Team zu begeistern oder klare Anreize zu setzen. Sie analysieren persönliche Motivationsbarrieren und deren Auswirkungen auf die Teamdynamik. Abschließend entwickeln sie konkrete, realistische Maßnahmen – etwa die Einführung regelmäßiger Feedback-Runden oder die Etablierung von Anerkennungsprogrammen –, um ihre Führungspraxis nachhaltig zu verbessern. All dies ist nur auf Basis ihrer aktiven Teilnahme möglich.

Zusammenarbeit
Durch das Einnehmen verschiedener Rollen – als Fallgebende, Diskussionspartner:innen und Problemlösende – entsteht ein vielfältiger Perspektivwechsel, der den kooperativen Austausch in der Gruppe stärkt. Dieser kollektive Dialog fördert nicht nur den Wissenstransfer, sondern auch die Vernetzung unter den Mitarbeitenden und trägt maßgeblich zur Etablierung einer nachhaltigen Lernkultur bei (Kap. 4), fordert zugleich aber auch einen gewissen Grad an Bereitschaft zur Zusammenarbeit. Im Training „Mitarbeitendenmotivation" sind die Teilnehmenden gefordert, aktiv zuzuhören, Lösungsschritte kritisch zu hinterfragen und deren Wirksamkeit gemeinsam weiterzuentwickeln.

In MIKRO-Trainings greifen die Teilnehmenden primär auf ihre eigenen praktischen Erfahrungen und den Willen, die Herausforderungen zu lösen zurück. Gleichzeitig werden sie ermutigt, aktiv, flexibel und offen zu lernen – als Mitgestaltende, reflektierende Beobachtende und aktive Empfänger:innen von Impulsen. Unsere Erfahrung zeigt, dass MIKRO-Trainings bereits bei der zweiten Teilnahme als besonders erfolgreich wahrgenommen werden, weil die Teilnehmenden die Struktur und Chancen des Formats verinnerlichen.

2.4   Zielgruppen

MIKRO-Trainings können flexibel auf die spezifischen Bedürfnisse unterschiedlicher Zielgruppen zugeschnitten werden, seien es Führungskräfte, Teams oder einzelne Mitarbeitende.

Führungskräfteentwicklung: Schnelle, strategische Lösungen
Führungskräfte stehen vor der Herausforderung, in dynamischen und unsicheren Situationen schnelle und klare Entscheidungen treffen zu müssen und dadurch

Sicherheit zu geben (Muster et al. 2020). Die kompakte Struktur von MIKRO-Trainings erlaubt es, auch bei engen Zeitplänen relevante Kompetenzen zu entwickeln und direkt auf bereits vorhandenem Wissen aufzubauen. Führungskräfte profitieren sodann von konkreten Impulsen, die auf ihre spezifischen Führungssituationen zugeschnitten werden können und Handlungsoptionen vermitteln, strategische Entscheidungen fundieren oder Hilfestellungen in Krisensituationen geben. Ein MIKRO-Training zu „Wie gelingt es mir als Führungskraft, Konflikte im Team frühzeitig zu erkennen und zu lösen?", „Vom Kollegen zur Führungskraft: Rollenwechsel erfolgreich meistern", „Unsichtbare Stars entdecken: Wie gelingt es mir Potenzialträger zu identifizieren und zu binden?" und „Jahresmitarbeitergespräche souverän vorbereiten: Klarheit, Struktur, Wertschätzung" vermittelt zum Beispiel innerhalb weniger Stunden hilfreiche Methoden, um tatsächliche Herausforderungen zu lösen, Unsicherheiten im Team zu reduzieren, Vertrauen aufzubauen und Arbeitsprozesse effizienter zu gestalten.

Teamentwicklung: Verbesserung der Zusammenarbeit
Teams müssen effizient zusammenarbeiten, um Aufgaben zu bewältigen und mehr oder weniger akute Herausforderungen zu lösen, insbesondere in interdisziplinären oder hybriden Umgebungen (Werkmann-Karcher 2023). Hierbei sind klare Kommunikation und abgestimmte Prozesse unverzichtbar. Werden MIKRO-Trainings im Bereich der Teamentwicklung eingesetzt, adressieren sie ein real existierendes Team. In diesem Fall kann von der Teilnehmerzahl von 6–8 Personen abgewichen werden, wenn die reale Größe des Teams eine andere ist. Beispielhafte MIKRO-Trainings lauten etwa: „Rollenklärung im Team: Wie verteilen wir Verantwortlichkeiten fair?", „Klare Kommunikation im Team – Missverständnisse vermeiden" oder „Teamspirit fördern – Gemeinsam erfolgreich arbeiten". Sie verbessern die interne Kommunikation und Aufgabenverteilung, fördern gemeinsame Problemlösungen und können zu neuen, produktiven Formen der Zusammenarbeit führen. Weil die gemeinsam entwickelten Lösungen sofort angewandt werden können, stärken MIKRO-Trainings die kollektive Intelligenz und den Austausch zwischen den Teammitgliedern nachhaltig. Die genannten Themen, die sich auf Teams beziehen, können auch für Führungskräfte angeboten werden.

Mitarbeiterentwicklung: Kompetenzen für Arbeitsalltag
Neben der Führungskräfte- und Teamentwicklung eignen sich MIKRO-Trainings auch für die Unterstützung und Entwicklung von Mitarbeitenden ohne Führungsverantwortung. Auch sie stehen vor operativen Herausforderungen, die spezifische Fähigkeiten und Herangehensweisen erfordern. In MIKRO-Trainings erhalten sie praxisnahe Unterstützung, um effizient und eigenständig zu handeln und

Stressfaktoren zu minimieren. Ein Training zur „Stressbewältigung im Arbeitsalltag – Gelassen bleiben unter Druck", „Effiziente Zeitplanung – Prioritäten setzen und Zeit optimal nutzen", „Klare Ziele definieren – Orientierung im Arbeitsalltag schaffen", „Selbstmotivation stärken – Mit Eigeninitiative zum Erfolg" oder „Digital kompetent – Effektiver Einsatz moderner Arbeitsmittel" lässt sich beispielsweise sofort in den Alltag integrieren und wirkt sich positiv auf Belastungserkennung und Stressreduktion, Aufgabenstrukturierung und Produktivität, intrinsische Motivation oder den sicheren Umgang mit digitalen Technologien aus.

Zusammensetzung

Die Gruppenzusammensetzung ist ein wesentlicher Erfolgsfaktor für MIKRO-Trainings (allgemein Becker 2016: 49–59; Kiper 2008). Homogene Gruppen bestehen aus Teilnehmenden mit ähnlichen Rollen, Erfahrungen oder Herausforderungen – wie Führungskräften eines Unternehmensbereichs oder die Angehörigen einer bestimmten Berufsgruppe in einem Unternehmen. Sie eignen sich besonders für die Bearbeitung rollenbezogener Herausforderungen oder für Themen, die einen gemeinsamen Arbeitskontext oder vergleichbare Aufgaben betreffen. Durch diese gemeinsame Basis wird der Erfahrungsaustausch erleichtert und die Entwicklung spezifischer Lösungen gefördert. Allerdings kann eine solche Zusammensetzung die Kreativität einschränken, da weniger unterschiedliche Perspektiven eingebracht werden.

Eine heterogene Zusammensetzung vereint Personen mit unterschiedlichen Rollen und Hintergründen, wie interdisziplinäre Projektteams oder Führungskräfte aus verschiedenen Abteilungen/Hierarchiestufen und gemischte Gruppen aus erfahrenen und neuen Mitarbeitenden. Diese Vielfalt kann Kreativität fördern, da unterschiedliche Fachkenntnisse, Arbeitsweisen und Sichtweisen zusammenkommen. Sie eignen sich dann, wenn eine stärkere Vernetzung und ein breiterer Austausch gewünscht sind. Allerdings erfordert eine solche Zusammensetzung eine gute Moderation, um Interessen zu bündeln und allen Teilnehmenden – trotz unterschiedlicher Vorkenntnisse und Blickwinkel – gerecht zu werden (Wimmer 2020).

Sowohl homogene als auch heterogene Gruppen bieten Vor- und Nachteile. Die Zusammensetzung sollte daher stets die konkreten Zielgruppen, Trainingsziele und -inhalte sowie Anwendungsfeld berücksichtigen, um den größtmöglichen Nutzen zu erzielen.

2.5   Anwendungsfelder

MIKRO-Trainings sind vielseitige Lernformate, die auf akute Herausforderungen, längerfristige Personalentwicklung und begleitende Unterstützung in Veränderungsprozessen zugeschnitten werden können. Damit decken sie ein breites Spektrum an Anwendungsfeldern ab und fördern gleichzeitig eine lebendige Lernkultur in Organisationen (Kap. 4).

MIKRO-Trainings als schnelle Lösung für akute Herausforderungen aus dem Arbeitsalltag
Durch MIKRO-Trainings können einmalige und unmittelbare Herausforderungen direkt bearbeitet werden. Ob unerwartete Marktveränderungen, Lieferengpässe oder andere Alltagsprobleme – MIKRO-Trainings ermöglichen rasche, passgenaue Hilfestellung. Beispielsweise können Unternehmen, die in wirtschaftliche Schwierigkeiten geraten, Kurzarbeit anmelden oder Stellen abbauen müssen, durch eine solche Trainingsreihe unterstützt werden: „Wie schaffe ich als Führungskraft Sicherheit in unsicheren Zeiten?", „Krisenkommunikation: Wie kommuniziere ich schwierige Entscheidungen?" oder „Wie gelingt ein gelungener Neustart mit dem verbleibenden Team?". Im Kontext der COVID-19-Pandemie konnten wir zudem rasch auf technische und soziale Themen reagieren, etwa mit Trainingsreihen zu „Hybride Zusammenarbeit mit MS Teams" oder „Produktivität im Homeoffice: Technische Voraussetzungen schaffen", „Nähe trotz Distanz: Teamzusammenhalt sichern in Zeiten von Remote-Work" und „Stressfrei remote arbeiten: Selbstmanagement für Führungskräfte".

MIKRO-Trainings als Ergänzung des Portfolios der Personalentwicklung
Herausforderungen entwickeln sich mit dem evolutionären Wachstum der Organisation: Ständig entstehen neue Herausforderungen, einige Probleme verschwinden wieder, manche werden zu dauerhaften Hindernissen. MIKRO-Trainings können den Werkzeugkasten der Personal- und Führungskräfteentwicklung gezielt erweitern, um diese wiederkehrenden Herausforderungen kontinuierlich zu adressieren. Einige Beispiele dafür umfassen Themen wie „Alte Hasen, junge Wilde: Wie generationsübergreifende Teams besser zusammenarbeiten" oder „Vom Manager zum Leader: Wie Sie inspirieren, anstatt nur zu steuern", „Wie kommuniziere ich als Führungskraft klare Erwartungen?" oder „Wie führe ich souverän schwierige Mitarbeitergespräche?"

Zusätzlich können MIKRO-Trainings-Reihen thematisch angepasst und in regelmäßigen Abständen angeboten werden, z. B. monatlich oder vierteljährlich. Eine Reihe zum Handlungsfeld „Besprechungsmanagement", die folgende klassische

Herausforderungen rund um das Thema beinhaltet, hat sich in unserer Erfahrung als besonders wirkungsvoll erwiesen: „Meetings mit Klarheit – Ziele setzen, Agenda definieren", „Zeit ist wertvoll – Meetings effizient moderieren", „Beteiligung fördern – Alle ins Boot holen", „Von der Besprechung zur Umsetzung – Ergebnisse sichern", „Hybride Meetings meistern – Gleichwertige Beteiligung online und offline" und „Schwierige Situationen in Meetings souverän meistern: Wie erkenne ich frühzeitig Konflikte und verhindere, dass diese eskalieren?". Ergänzend können MIKRO-Trainings-Reihen aber auch dann eingesetzt werden, wenn ein neues Thema stärker in den Fokus gerückt werden soll. Im Kontext etwa des Aufbaus eines „Gesundheitsmanagements" könnten MIKRO-Trainings etwa zum Thema „Gesunde Führung" als Reihe konzipiert werden: „Gesundes Führen beginnt bei mir: Selbstfürsorge als Basis guter Führung", „Resiliente Teams entwickeln: Wie Sie Gesundheit, Motivation und Leistung in Balance bringen", „Stressmanagement für Führungskräfte: Gelassen bleiben in turbulenten Zeiten", „Psychische Gesundheit im Team stärken: Warnsignale erkennen, richtig reagieren", „Erfolgsfaktor Achtsamkeit: Mit gesunder Führung nachhaltige Leistung sichern".

MIKRO-Trainings als Unterstützung in Veränderungsprozessen
MIKRO-Trainings können einen wesentlichen Beitrag zur erfolgreichen Gestaltung und nachhaltigen Verankerung von Veränderungsprozesse leisten und dies auch deshalb, weil die Kombination aus strukturiertem Input und praktischen Übungen dafür sorgt, dass Veränderungen nicht nur verstanden, sondern auch nachhaltig umgesetzt werden. In grober Anlehnung an klassische Modelle des Change-Managements (z. B. Kotter 2011; Lewin 1947) lassen sie sich in den Phasen der Initiierung, Umsetzung und Stabilisierung gezielt einsetzen.

In der **Initialphase** von Veränderungen können etwa Führungskräfte durch MIKRO-Trainings bei der Entwicklung und Kommunikation von Veränderungsstrategien unterstützt werden, um das Bewusstsein für anstehende Veränderungen zu steigern, die Identifikation mit den neuen Zielen zu erhöhen und Widerstände zu mindern (z. B. „Gelingende Kommunikation in Veränderungsprozessen: „Wie gelingt es mir als Führungskraft, Veränderungen erfolgreich zu gestalten und Akzeptanz im Team zu schaffen?").

In der Phase der **Umsetzung** unterstützen MIKRO-Trainings Mitarbeitende dabei, neue Strukturen, Prozesse, Tools oder Methoden in die Praxis zu überführen (z. B. „Einführung in agile Arbeitsweisen"; „Gelingende Kollaboration in agilen Netzwerken"). Auch Führungskräfte profitieren von MIKRO-Trainings, die sie dabei unterstützen, Veränderungen erfolgreich zu gestalten – etwa indem sie ihnen Wissen dazu vermitteln, wie sie mit Widerständen umgehen oder Teams

in unsicheren Zeiten souverän führen können (z. B. „Führen in unsicheren Zeiten", „Widerstände in Veränderungsprozessen erkennen und erfolgreich meistern").
Ergänzend können Angebote zur Verbesserung der Kommunikations- und Problemlösungsfähigkeiten angeboten werden, etwa zur effizienten Teamkommunikation oder zur effektiven Delegation von Aufgaben (z. B. „Effiziente Teamkommunikation in Transformationsprozessen", „Delegieren statt selbst machen: Wie Sie Ihr Team erfolgreich in die Gestaltung von Veränderungen einbinden").

In der **Stabilisierungsphase** neuer Strukturen, Prozesse und Routinen oder sonstiger Veränderungsvorhaben können MIKRO-Trainings das Vertrauen in neu gefundene Lösungen stärken und helfen, neue Arbeitsweisen nachhaltig zu etablieren (z. B. „Retrospektiven als Werkzeug der Reflexion und kontinuierlichen Verbesserung"; „Feedbackschleifen als Instrument des Wandels").

Werden MIKRO-Trainings als Unterstützung in Veränderungsprozessen eingesetzt empfiehlt es sich, sie als **Qualifikationsreihen** zu konzipieren: Verschiedene Themen können, angepasst an die Anforderungen und Teilziele der Phasen sowie unterschiedlichen Zielgruppen, (auch wiederholt) angeboten werden.

Beispiel einer MIKRO-Training-Qualifikationsreihe für die Integration nach einer Unternehmensfusion

Beispiel einer MIKRO-Training-Qualifikationsreihe für die Integration nach einer Unternehmensfusion, die u. a. die Zusammenlegung von Abteilungen, die Angleichung von Arbeitsweisen, die Vereinigung von Kulturen und die Bewältigung von Unsicherheiten unter Mitarbeitenden und Führungskräften beinhaltet – alle MIKRO-Trainings sollten an die individuelle Situation angepasst werden.

Initialphase

- Meta-Ziele: Verständnis für die Fusion schaffen, Unsicherheiten reduzieren, Akzeptanz fördern, gemeinsame Ziele entwickeln.
- Ziele: Orientierung geben, Mitarbeitende über die Veränderungen informieren, Vertrauen auf- und Widerstände abbauen.
- MIKRO-Trainings:
  - „Zwei Unternehmen, ein gemeinsamer Weg: Wie wir die Fusion gestalten?" Reflexion über Erwartungen, Chancen und Herausforderungen.

- „Change-Kommunikation: Wie informiere ich mein Team klar und transparent?" Best Practices für ehrliche und motivierende Kommunikation während des Integrationsprozesses.
- „Umgang mit Unsicherheiten: Wie führe ich erfolgreich durch Zeiten des Wandels?" Strategien zur Führung in Zeiten der Veränderung. Umgang mit Widerständen und Ängsten.

Umsetzungsphase

- Meta-Ziele: Neue Strukturen und Prozesse etablieren, Zusammenarbeit zwischen Teams aus beiden Unternehmen fördern.
- Ziele: Klärung von Rollen und Verantwortlichkeiten, Vereinheitlichung von Arbeitsweisen, Förderung der Kooperation.
- MIKRO-Trainings:
  - „Zusammenarbeit nach der Fusion: Wie wachsen wir als Einheit zusammen?" Interaktive Übungen zur Förderung der Teamdynamik und zum gegenseitigen Verständnis.
  - „Effektive Entscheidungsfindung in neuen Strukturen." Methoden zur Abstimmung und Entscheidungsfindung in fusionierten Teams mit neuen Prozessen.
  - „Rollen und Verantwortlichkeiten klären: Wer macht was und wie arbeiten wir gut zusammen?" Praktische Leitlinien zur Definition neuer Zuständigkeiten und Schnittstellen.

Stabilisierungsphase

- Meta-Ziele: Nachhaltige Integration der neuen Strukturen und Unternehmenskultur, Verankerung neuer Prozesse.
- Ziele: Langfristige Identifikation mit der neuen Organisation fördern, kontinuierliche Verbesserung ermöglichen.
- MIKRO-Trainings:
  - „Kultur vereinen: Gemeinsame Werte und Normen entwickeln". Workshops zur Identifikation und Gestaltung einer gemeinsamen Unternehmenskultur.
  - „Feedback und iterative Verbesserung: Wie entwickeln wir uns weiter?" Einführung einer Feedbackkultur zur nachhaltigen Optimierung der Zusammenarbeit.

- „Retrospektiven: Reflexion und kontinuierliche Verbesserung als Daueraufgabe" Reflexion der zentralen Neuerungen mit dem Ziel der kontinuierlichen Weiterentwicklung.

Weitere Überschriften von MIKRO-Trainings, die im Rahmen einer Fusion interessant sein können, lauten z. B.: „Von zwei Teams zu einem: Erfolgreiche Zusammenarbeit nach der Fusion", „Vertrauen stärken in unsicheren Zeiten: Umgang mit Veränderungen im Team", „Effektive Führung im Fusionsprozess: Orientierung geben und Akzeptanz schaffen", „Kommunikation auf Augenhöhe: Wie wir Missverständnisse zwischen den Kulturen vermeiden".

2.6 Durchführungsformate

Egal in welchem Anwendungsfeld, MIKRO-Trainings können als Präsenz- und Onlineveranstaltung flexibel an Zielgruppen, Trainingsziele und organisatorische Rahmenbedingungen angepasst werden.

Neben inhaltlichen Aspekten fördern Präsenz-Veranstaltungen den persönlichen Austausch und die Netzwerkbildung. Allerdings erfordern sie mehr Planung, etwa bei Raumbuchung, Reisezeiten oder Kosten. Typischerweise werden MIKRO-Trainings in Präsenz auch etwas länger gehalten (rund 180 min), um ausreichend Raum für gemeinsame Reflexion und Praxisübungen zu bieten.

Seit der COVID-19-Pandemie machen wir die Erfahrung, dass Online-Veranstaltungen eine gute Alternative zu Präsenz-Veranstaltungen sind. Sie sind zeit- und ortsunabhängig und somit besonders attraktiv für internationale Teams oder Trainings, die für Mitarbeitende mehrerer Standorte angeboten werden. Da die Aufmerksamkeit online schneller nachlassen kann, sind Online-Trainings meist kürzer (rund 120 min) und stärker strukturiert. Technische Voraussetzungen und eine gewisse Routine im Umgang mit digitalen Tools sind entscheidend, um Störungen zu vermeiden.

Der Weg zu einer neuen Lernkultur: Ablauf des MIKRO-Trainings

3

Anhand praxiserprobter Beispiele zeigen wir in diesem Kapitel Schritt für Schritt, wie ein MIKRO-Training von der Themenfindung bis zur Nachbereitung abläuft und welche Herausforderungen dabei zu beachten sind.

3.1 Themenfindung

Die Themenfindung ist der erste Schritt bei der Planung eines MIKRO-Trainings. Sie entscheidet darüber, welche spezifischen Herausforderungen und Problemstellungen aus der Praxis adressiert werden.

Handlungsfeld vs. konkrete Fragestellung
Klassische Trainings tragen oft Titel wie „Kommunikation", „Konfliktmanagement" oder „Besprechungsmanagement". Aus Sicht des MIKRO-Trainings handelt es sich hierbei um übergeordnete Handlungsfelder, in denen zahlreiche konkrete Herausforderungen alltäglich zu meistern sind. Diese können in MIKRO-Trainings übersetzt werden. Beispielsweise kann das Handlungsfeld „Besprechungsmanagement" folgende MIKRO-Trainings beinhalten: „Meetings mit Klarheit – Ziele setzen, Agenda definieren", „Zeit gewinnen: Wie strukturiere und moderiere ich Meetings effizient?", „Beteiligung fördern – Wie binden wir Mitarbeitende ein?", „Von der Besprechung zur Umsetzung: Was können wir tun, um die Verbindlichkeit von Absprachen zu erhöhen?", „Hybride Meetings meistern – Gleichwertige Beteiligung online und offline" oder „Schwierige Situationen in Meetings souverän meistern".

Die Fragestellungen eines MIKRO-Trainings sollten sich an den unmittelbaren Bedürfnissen und realen Problemen der Zielgruppe orientieren und somit empirisch beobachtbares Verhalten in den Fokus rücken. Wie genau äußert sich die Herausforderung? Wann tritt sie (nicht) auf? Welche Muster wiederholen sich, und was sagen Betroffene und Unbeteiligte dazu? Es geht also nicht darum, alle möglichen Herausforderungen aufzulisten, sondern nur diejenigen, die die Zielgruppe tatsächlich gerade beschäftigen. Diese Analysen stellen sicher, dass tatsächlich relevante Anliegen identifiziert und konkrete Lösungen erarbeitet werden können.

Die Fragestellung sollte in klarer, leicht verständlicher Sprache formuliert sein, beispielsweise aus Teilnehmendensicht („Was kann ich als Besprechungsleiter tun, um mehr Verbindlichkeit zu schaffen?") oder mit Blick auf konkrete Ergebnisse („Welche Maßnahmen helfen uns, die Anzahl unserer Besprechungen um 20 % zu reduzieren?"). Eine ansprechende und motivierende Überschrift erhöht die Wahrscheinlichkeit, dass sich Mitarbeitende angesprochen fühlen und teilnehmen.

Wege der Themenfindung

Es gibt verschiedene Wege, Fragestellungen für MIKRO-Trainings zu gewinnen: Sie lassen sich durch eine direkte Befragung der Mitarbeitende und Führungskräfte beispielsweise in Form von Interviews, Workshops, moderierten Diskussionen in Fokusgruppen (auch unterschiedlicher Abteilungen) oder standardisierten Umfragen erschließen. Dabei sollte gezielt nach den aktuellen Herausforderungen gefragt werden: „Was hindert Sie aktuell daran, Ihre Aufgaben effektiver zu erledigen?" oder „Welche Situationen erleben Sie in Ihrem Arbeitsalltag als besonders schwierig?", „Welche Herausforderung begegnet Ihnen immer wieder, für die Sie sich Lösungsansätze wünschen?". Eine nachhaltige Themenfindung kann dabei auch auf Werkzeugen aufbauen, die bereits fest im Organisationsalltag verankert sind – etwa regelmäßige Feedbackbögen, Evaluationsberichte sowie strukturierte Jahres-Mitarbeitergespräche.

Die direkte Befragung kann zeitaufwendig sein. Eine effizientere und strategischere Vorgehensweise ist die Top-Down-Themenvorgabe, bei der Führungskräfte oder das Management relevante Themen bestimmen und diese an aktuelle Unternehmensziele ausrichten – etwa an der Einführung neuer Technologien oder sonstiger Veränderungsprozesse. Dabei ist jedoch darauf zu achten, dass es sich tatsächlich um praxisnahe Herausforderungen der Mitarbeitenden handelt, weshalb auch hier ein gewisser Grad der Einbindung der Zielgruppe ratsam ist.

Darüber hinaus sind auch Personalreferenten oder HR-Business-Partner gute Quellen für potenziell relevante Themenstellungen. Durch ihre Nähe zu Führungskräften und Mitarbeitenden haben sie oft ein feines Gespür für die Herausforderungen der alltäglichen Zusammenarbeit.

Werden MIKRO-Trainings in umfassendere Entwicklungsprozesse oder Personalentwicklungsprogramme eingebettet, lassen sich weitere Themen durch die

Analyse formaler und informeller Strukturen (z. B. via Interviews und Hospitationen), Performance-Daten und Best-Practice-Vergleiche (Benchmarking) identifizieren und anschließend gemeinsam mit Verantwortlichen und Zielgruppen präzisieren. Eine solche Vorgehensweise erfordert jedoch methodische Kompetenz und kann ressourcenintensiv sein.

Herausforderungen bei der Themenfindung
Um relevante Trainings zu entwickeln, ist es essenziell, gezielte Fragen zu stellen und Beobachtungen aus dem Arbeitsalltag systematisch auszuwerten. Wir verfolgen dabei einen integrativen Ansatz, der sowohl die aktuellen Herausforderungen der Mitarbeitenden als auch die strategischen Ziele der Organisation einbezieht. Eine umfassende Sammlung von Fragestellungen und Vorgehensweisen für das Erst- und Zielgespräch und einen Leitfaden zur Ermittlung konkreter, praxisnaher Themen und zur attraktiven Formulierung von Fragestellungen finden Sie unter www.mikro-training.de.

3.2 Vorbereitung

Eine sorgfältige Vorbereitung gewährleistet, dass das MIKRO-Training fachlich überzeugend und methodisch ansprechend gestaltet ist. Der Schwerpunkt liegt darauf, die spezifischen Herausforderungen der Teilnehmenden aufzugreifen und praxisnahe Lösungen zu entwickeln. Anhand des Beispiels „Agile Führung im digitalen Zeitalter" mit der Leitfrage „Wie kann ich mein hybrides Team effektiv führen und die Zusammenarbeit fördern?" zeigen wir im Folgenden, wie Sie ein MIKRO-Training gezielt vorbereiten können.

Vorbereitung der Teilnehmenden
Teilnehmende müssen vor einem MIKRO-Training keine umfangreichen Vorbereitungen treffen, da die Inhalte auf ihre alltäglichen Herausforderungen abgestimmt sind (Abschn. 2.3). Ein kurzer Moment der Reflexion über individuelle Fragestellungen ist jedoch sinnvoll, um den Nutzen des Trainings weiter zu steigern. Folgende Fragen können als Orientierung mitgegeben werden:

- „Was sind die Herausforderungen bezogen auf das Thema und die Fragestellung des spezifischen MIKRO-Trainings und wie zeigen sie sich?"
- „Was wäre anders, wenn diese Probleme gelöst wären?"
- „Welche Versuche habe ich bisher unternommen, das Problem zu lösen?"

Für das MIKRO-Training „Wie kann ich mein Team in hybriden Arbeitsmodellen effektiv führen und die Zusammenarbeit fördern?" können diese Frage spezifiziert werden:

- „Welche Schwierigkeiten erleben Sie bei der Führung Ihres Teams in hybriden Arbeitsmodellen?"
- „Wie wirkt sich die hybride Arbeitsweise auf die Zusammenarbeit und die Teamdynamik aus?"
- „Welche Methoden oder Tools haben Sie bisher eingesetzt, um hybride Teams zu koordinieren, und mit welchen Folgen?"

Vorbereitung der Trainingsleitung

Die Vorbereitung der Trainingsleitung erfordert eine strukturierte Planung sowie Flexibilität, um – abhängig von der Ausrichtung des MIKRO-Trainings – souverän zwischen den in Abschn. 2.3 beschriebenen Rollen zu wechseln.

A. Bekanntmachung mit der Zielgruppe

Die Trainingsleitung sollte sich intensiv mit der Zielgruppe auseinandersetzen. Neben den Informationen, die durch Gespräche mit Auftraggebenden und der Zielgruppe gewonnen wurden, können auch die Unternehmenskultur, branchenspezifische Herausforderungen und die aktuelle Marktsituation berücksichtigt werden, kurz alle Informationen, die hilfreich sind, um die Zielgruppe und deren aktuelle Herausforderungen zu verstehen. Erfahrungen aus vergangenen Trainings und vorhandenes Fachwissen sind nützlich, sollten jedoch nicht die individuelle Perspektive der Teilnehmenden überlagern.

Im Falle des MIKRO-Trainings zur effektiven Führung von hybriden Teams könnte die Trainingsleitung etwa analysieren, welche Kommunikationskanäle und digitalen Tools verwendet werden, wie Führung und Zusammenarbeit derzeit in der Organisation oder im Team gestaltet sind und ob Spannungen zwischen Remote- und Präsenzmitarbeitenden allgemein häufig auftreten.

B. Input

Die Trainingsleitung bereitet flexibel einsetzbare Inhalte vor, die als ‚Türöffner' zu den Erfahrungen und Herausforderungen der Teilnehmenden dienen. Der Input überfrachtet die Teilnehmenden nicht mit Informationen, vielmehr soll er aktivierend wirken, zur Diskussion und zu Lösungsansätzen anstoßen. Daher genügen wenige interessante Studien, zugängliche Best-Practice-Beispiele oder zentrale theoretische Konzepte. Als Faustgröße gilt: Für ein zweistündiges MIKRO-Training ist ein 30- bis 40- minütiger Input vollkommen ausreichend.

In Bezug auf effektive hybride Zusammenarbeit lassen sich beispielsweise Studien zu hybriden Arbeitsmodellen, die Selbstbestimmungstheorie oder Konzepte der psychologischen Sicherheit als Input vorbereiten, sowie Best-Practices für die digitale Zusammenarbeit (z. B. Whiteboards, Check-in-Meetings, virtuelle Feedback- und Abstimmungsmechanismen), Rituale für hybride Teams, Erreichbarkeits- und Verfügbarkeitsregeln und verschiedene Rollenklärungsansätze für Remote- und Präsenzphasen. Wichtig ist dabei stets, dass die Inhalte zum Vorwissen und zu den Kompetenzen der Teilnehmenden passen, um weder Unter- noch Überforderung zu erzeugen.

Tipps zur Gestaltung der Trainer-Inputs

- Verzicht auf Vollständigkeit: Der Input soll das Thema öffnen, er verfolgt nicht den Anspruch das Thema vollständig zu ergründen.
- Flexibilität statt Starrheit: Die Trainingsleitung sollte keinen festgelegten Input abspulen, sondern mit einem „Werkzeugkoffer" aus Konzepten, Methoden, Best Practices und Studien auf die Bedürfnisse der Teilnehmenden reagieren. Die Teilnehmenden stehen mit ihren Themen im Zentrum – nicht die Trainingsleitung mit ihrem Input.
- Dynamik statt Monolog: Kurze Fragen oder kleine Reflexionsaufgaben während des Inputs binden die Gruppe aktiv ein und schaffen die Verbindung zwischen Theorie und Arbeitsalltag. Planen Sie gezielte Momente ein, in denen Teilnehmende Rückfragen stellen, Anregungen geben oder ihre Erfahrungen teilen können. Dadurch steigt die Interaktivität und Teilnehmende fühlen sich wertgeschätzt.
- Visualisierung unterstützt das Verstehen: Nutzen Sie Diagramme, Skizzen oder Modelle, um komplexe Inhalte zu veranschaulichen. Ein vorbereiteter Flipchart oder Whiteboard kann den Transfer deutlich erleichtern und die Behaltensleistung steigern.

C. Gestaltung des Ablaufs

Die Trainingsleitung erstellt vorab einen groben Ablaufplan, der ausreichend Flexibilität für spontane Anpassungen bietet. Ein klassischer Ablauf sieht wie folgt aus (siehe Abschn. 3.3):

1. Begrüßung und Einführung (ca. 10 min)
   - Ziel: Teilnehmende auf das Training einstimmen und den Rahmen klären.
   - Inhalte:
     Begrüßung, Vorstellung der Trainingsleitung und Teilnehmenden.
     Kurzvorstellung von Grundidee, Thema und Agenda des MIKRO-Trainings.
2. Trainer-Input (ca. 30–40 min)
   - Ziel: Einstieg in das Thema.
   - Inhalte:
     Prägnante Vorstellung von Konzepten, Methoden oder Best Practices.
     Sind MIKRO-Trainings Teil größerer Personalentwicklungsprogramme oder Veränderungsprozesse (Abschn. 2.5) kann der Input umfänglicher sein.
3. Sammlung der konkreten Herausforderungen der Teilnehmenden (ca. 15–20 min)
   - Ziel: Sammlung und Clusterung der konkreten Herausforderungen der Teilnehmenden.
   - Inhalte:
     Methodisch angeleitete Reflexion.
     Diskussion in der Gruppe.
4. Entwicklung von konkreten Lösungsansätzen (ca. 45–60 min)
   - Ziel: Entwicklung konkreter Maßnahmen für die Umsetzung im Alltag.
   - Inhalte:
     Die Gruppe konkretisiert gemeinsam Handlungsschritte, die individuell umgesetzt werden können.
     Beispiele: Mini-Pläne, Checklisten oder gezielte Maßnahmen.
5. Zusammenfassung und Verabschiedung (ca. 10 min)
   - Ziel: Das Training reflektieren und die Gruppe verabschieden
   - Inhalte:
     Zusammenfassung der erarbeiteten Lösungen.
     Reflexion der Lernerfahrungen: „Was nehme ich konkret mit?"
     Optional: Vereinbarung von Follow-Ups oder Nachbesprechungen.

Herausforderungen bei der Vorbereitung

Die Vorbereitung eines MIKRO-Trainings bringt spezifische Herausforderungen mit sich, die von variierenden Wissens- sowie Erfahrungsständen bis hin zu Flexibilität beim Umgang mit unerwarteten Fragen reichen. Beim Thema „Wie kann ich mein hybrides Team effektiv führen und die Zusammenarbeit fördern?" können Führungskräfte sehr unterschiedliche Vorstellungen davon haben, was „effektiv" bedeutet. Die Trainingsleitung sollte darauf vorbereitet sein, diese Perspektiven zu moderieren und gegebenenfalls eine einheitliche, praxisnahe Definition anbieten.

MIKRO-Trainings eignen sich besonders für Gruppen mit diversen Rollen und Vorkenntnissen (Abschn. 2.4). Das erfordert von der Trainingsleitung, Inhalte vorzubereiten, die für alle Teilnehmenden verständlich sind, ohne zu unterfordern. Die Impulse sollten daher weder zu abstrakt noch zu allgemein bleiben und müssen an den konkreten Arbeitskontext angepasst werden.

Eine weitere Kernherausforderung ist die richtige Balance zwischen strukturiertem Ablauf und notwendiger Offenheit. MIKRO-Trainings leben von der Interaktion mit den Teilnehmenden. Deshalb empfiehlt es sich, die Inhalte so zu gestalten, dass sie sowohl eine allgemeine Orientierung bieten als auch Raum für individuelle Vertiefung lassen. Je nach Schwerpunkt kann das Training zeitweise stärker an kollegiale Fallberatung angelehnt sein, während andernfalls ein intensiverer Trainer-Input sinnvoll ist.

3.3　Durchführung

In der Durchführung eines MIKRO-Trainings werden gemeinsam mit den Teilnehmenden konkrete, praxisnahe Lösungen für ihre individuellen Herausforderungen entwickelt. Den typischen Ablauf erläutern wir im Folgenden anhand des MIKRO-Trainings „Nicht noch ein Arbeitskreis! Nützliche Tipps und Tricks zur effizienten bereichsübergreifenden Zusammenarbeit", in dem es um Methoden geht, die Kooperation zwischen Bereichen so zu moderieren und zu gestalten, dass sie von allen Beteiligten als nützlich und zielführend erlebt wird. Betonen möchten wir, dass die einzelnen Phasen flexibel ineinandergreifen und nicht starr voneinander zu trennen sind. Tatsächlich ist es zum Beispiel ein gutes Zeichen, wenn Teilnehmende ihre Themen bereits während des Inputs einbringen und sich erste Lösungsansätze überlegen, da dies darauf hinweist, dass die präsentierten Inhalte ihre Erfahrungen widerspiegeln und praktische Lösungen versprechen. Ein gewisser Grad an Flexibilität bei der Durchführung ist daher unerlässlich.

1. Begrüßung und Einführung (ca. 10 min)
Ein gelungener Start ist für den Erfolg eines MIKRO-Trainings entscheidend. Die Einführung umfasst die Kernbereiche Begrüßung, Vorstellungsrunde sowie Darlegung der Grundidee und Agenda. Der Schwerpunkt liegt dabei auf der Aktivierung der Gruppe und dem Aufbau von Vertrauen. Die Vorstellungsrunde sollte kurz gehalten werden und den Austausch über die eigenen Rollen der Teilnehmenden in der Organisation beinhalten. Die anschließende Darlegung der wesentlichen Merkmale des MIKRO-Trainings kann sich an den in Abschn. 2.2 erläuternden Grundprinzipien orientieren – eine knackige Präsentation finden Sie auf www.mikro-traini ng.de.

Abschließend stellt die Trainingsleitung das konkrete Thema vor und gibt einen Überblick über Ablauf und Agenda. Im MIKRO-Training „Nicht noch ein Projektmeeting! Nützliche Tipps und Tricks zur effizienten bereichsübergreifenden Zusammenarbeit" kann die Trainingsleitung z. B. mit der Frage beginnen, „Was verstehen wir eigentlich unter ‚effizienter' Zusammenarbeit, welche Stolpersteine erleben Sie aktuell, an welcher Stelle brauchen Sie dringend Veränderungen und woran merken Sie, dass bereichsübergreifende Zusammenarbeit in Ihrem Unternehmen gut oder weniger gut funktioniert?" und anschließend die Agenda vorstellen. Eine klare, gut sichtbare Darstellung – etwa auf einem Flipchart, digitalen Whiteboard oder in einer Präsentation – erleichtert den Teilnehmenden die Orientierung.

2. Trainer-Input (ca. 30–40 min)
Wie dargelegt, dient der Trainer-Input vor allem als Türöffner. Er weckt Interesse, schafft eine gemeinsame Wissensbasis und legt die Grundlage dafür, das Problemfeld zu verstehen und konkrete Lösungsansätze zu entwickeln. Wichtig ist ein hoher Alltagsbezug der Konzepte, Methoden und Best Practices oder Studien. Grundlegende Begriffe und mögliche Fallstricke sollten prägnant erläutert werden. Kurze Fragen oder kleine Aufgaben fördern die aktive Beteiligung und vertiefen das Verständnis. Eine kurze, relevante Geschichte aus dem Arbeitsalltag kann zudem komplexe Zusammenhänge veranschaulichen und emotional ansprechen. In jedem Fall besteht kein Anspruch auf Vollständigkeit, die Trainingsleitung kann auch nur ein einziges Konzept oder eine Theorie vorstellen. Zudem bieten sich Visualisierungen der Inhalte an.

Konzepte, Methode oder Best Practices für effiziente bereichsübergreifende Zusammenarbeit sind zahlreich. Die von uns zu diesem Thema durchgeführten MIKRO-Trainings gingen von vier Fragen und dazu passenden Methoden, Tools und Prinzipien aus:

- Frage: „Welches Mandat habe ich für die Arbeit an einem Thema?"
  - Methode: Projektsteckbriefe nach dem Golden Circle.
- Frage: „Wie gehe ich damit um, wenn mein Projektteam eigentlich zu groß ist?"
  - Tool und Prinzip: Anwendung der 2-Pizza-Regel, Zentrum und Peripherie.
- Frage: „Wie organisiere ich die Arbeit so, dass sie für alle Beteiligten möglichst effizient wird?"
  - Prinzipien und Abstimmungsroutinen: Teilung von Abstimmung und Ausarbeitung nach Zentrum und Peripherie, Abstimmungs- und Meilensteintreffen sowie Arbeitsperioden.
- Frage: „Wie erreichen wir verbindliche Ergebnisse, wenn die Gruppe fragmentiert ist?"
  - Prinzipien: Betroffene zu Beteiligten machen; Keine Diskussion ohne Vorschlag.
- Frage: „Wie können wir unsere Zusammenarbeit transparent machen und allen ermöglichen, informiert zu bleiben?"
  - Methode: Kanban-Boards.

3. Sammlung der konkreten Herausforderungen der Teilnehmenden (ca. 10–20 min)

Zunächst geht es darum, dass die Teilnehmenden ihre individuellen Herausforderungen und Fragestellungen systematisch reflektieren und festhalten, was sie vertiefend betrachten möchten. Die Sammlung von Herausforderungen und Vertiefungsthemen folgt einem strukturierten Ablauf: Individuelle Reflexion, Sammlung und Konkretisierung im Plenum sowie (optionaler) Clusterung und Priorisierung (siehe vertiefend www.mikro-training.de).

In der individuellen Reflexion fassen die Teilnehmenden ihre eigenen Herausforderungen zusammen und halten sie schriftlich fest. Betont werden sollte, dass es keine „falschen" Themen gibt und jede Perspektive wertvoll ist. Leitfragen dazu können folgendermaßen lauten:

- „Für welche konkrete Situation wünsche ich mir eine Lösungsidee?"
- „Was ist dabei genau meine Herausforderung?"
- „Was haben ich bereits ausprobiert, um die Situation zu lösen?"

In der anschließenden Sammlung und Konkretisierung moderiert die Trainingsleitung eine kurze Austauschrunde und hält die Herausforderungen auf Flipchart, Pinnwand oder in einem digitalen Whiteboard fest. Dabei bietet sich auch die Gelegenheit, Verständnisfragen zu klären und Details zu präzisieren. Ergeben sich zahlreiche, ähnliche Herausforderungen, lassen sie sich zu Clustern zusammenfassen. Eine Punktabfrage oder ein Handzeichen-Voting hilft der Gruppe, festzulegen, auf welche Themen sie sich zuerst konzentrieren möchte.

Grundsätzlich ist das Einbringen von konkreten Herausforderungen ein Angebot, keine Verpflichtung. Häufig überschneiden sich die Anliegen der Teilnehmenden ohnehin und lassen sich daher sinnvoll zusammenfassen oder jemand bringt ein Problem ein, anhand dem die anderen Teilnehmenden ihre Erfahrungen reflektieren, weil es ihren eigenen sehr nahekommt.

Im Falle unseres Beispiels, „Nicht noch ein Arbeitskreis! Nützliche Tipps und Tricks zur effizienten bereichsübergreifenden (Projekt)Zusammenarbeit" könnte die Sammlung der Herausforderungen und Vertiefungsthemen folgendermaßen aussehen:

1. „Die Idee, eine Projektgruppe in Zentrum und Peripherie aufzuteilen, finde ich besonders überzeugend. Dadurch entsteht ein kleines, schlagkräftiges Kernteam, in dem Termine schnell abgestimmt werden können und alle Mitglieder eng eingebunden sind. Gleichzeitig gibt es eine erweiterte Peripherie mit interessierten Personen und Fachexpert:innen, die flexibel bei Bedarf hinzugezogen werden können. Doch wie gehe ich praktisch vor, wenn plötzlich zu viele Personen Teil des Kernteams werden möchten – oder umgekehrt, sich nicht genügend Mitarbeitende darin wiederfinden?"

2. „Ich denke gerade an ein Projekt, das ich leite und das bereits vor vier Wochen gestartet ist. Wie kann ich dennoch jetzt – mitten im laufenden Prozess – Veränderungen sinnvoll angehen und neue Impulse setzen? Welche Schritte wären hierfür konkret möglich?"

3. „Mir fällt sofort ein Projekt ein, bei dem wir die Kanban-Idee gut nutzen könnten. Allerdings haben wir mehrere Teilthemen beziehungsweise Teilprojekte: Gibt es eine Möglichkeit, diese Komplexität sinnvoll innerhalb der Kanban-Logik abzubilden und gleichzeitig übersichtlich zu bleiben?"

4. „Ich leite ein Projekt, merke jedoch zunehmend, dass unsere Rollen nicht ausreichend klar definiert sind. Wer ist Projektleiter, wer ist Auftraggeber – vieles scheint unklar und verschwimmt. Ich suche deshalb dringend nach einer Lösung: Hat jemand von euch schon einmal eine ähnliche Situation erlebt? Wie seid ihr damit umgegangen, wie könnte ich das Thema sinnvoll mit meinem Chef besprechen – und gibt es vielleicht ein klares Rollenkonzept, das uns bei dieser Klärung unterstützen könnte?"

4. Entwicklung von konkreten Lösungsansätzen (ca. 45–60 min)

Das Herzstück des Mikro-Trainings umfasst die Entwicklung konkreter Lösungen für die zuvor gesammelten Herausforderungen. Ziel ist, dass jede:r Teilnehmende:r das Training mit mindestens einem konkreten Lösungsimpuls oder einer praxis-orientierten Maßnahme verlässt, die er/sie umsetzen möchte. Die Trainingsleitung sollte auf die aktive Beteiligung der Teilnehmenden achten, um deren Verantwortung für die Ergebnisse zu stärken.

Das folgende vierstufige Vorgehen hat sich für uns über die Jahre hinweg als äußerst wirkungsvoll erwiesen – wir veranschaulichen es erneut am Beispiel „effiziente bereichsübergreifende Zusammenarbeit": A. Einführung in die Lösungs-entwicklung, B. Ideengenerierung, C. Konkretisierung der Lösungsansätze und D. Auswahl und Anpassung. Anhand dieses strukturierten Prozesses werden alle Fragen und Fragencluster systematisch bearbeitet, sodass Schritt für Schritt praxisnahe Lösungen für diese entstehen.

A. Einführung in die Lösungsentwicklung

Die Trainingsleitung fasst zunächst alle gesammelten Fragen und thematischen Cluster zusammen und schlägt anschließend eine sinnvolle Bearbeitungsreihen-folge vor. Dabei startet die Gruppe mit dem Thema, das während der Sammlung auf die größte Resonanz gestoßen ist. Um den zeitlichen Rahmen optimal zu nut-zen, kann die verbleibende Trainingszeit grob durch die Anzahl der eingebrachten Themen geteilt werden. Erfahrungsgemäß bringen jedoch nicht alle Teilnehmenden eine eigene Fragestellung ein, oder manche Fragen überschneiden sich so stark, dass sich Cluster bilden lassen. Dadurch stehen in der Regel pro Frage bzw. Fragecluster etwa 10–15 min Bearbeitungszeit zur Verfügung.

Im Folgenden wollen wir die Lösungsfindung an „1. […] Wie gehe ich praktisch vor, wenn plötzlich zu viele Personen Teil des Kernteams werden möchten – oder umgekehrt, sich nicht genügend Mitarbeitende darin wiederfinden?" durchspielen.

B. Ideengenerierung

Die Phase der Ideenfindung kann besonders anspruchsvoll sein. Das Ziel ist es, potenzielle Lösungen für das Thema/die Frage zu finden. Methodisch kann hierbei auf eine Vielzahl von Hilfsmitteln zurückgegriffen werden (siehe auch Weidenmann 2020):

- Direkte Anwendung/Erweiterung der im Input vorgestellten Konzepte oder Methoden.
- Best Practices: Die Trainingsleitung oder andere Teilnehmende stellen bereits bewährte Lösungen vor. Die Gruppe stellt Rückfragen, diskutiert und wählt

Ansätze aus, die ihnen sinnvoll erscheinen und in der nächsten Phase auf ihre individuellen Situationen angepasst werden sollen.

- Ableitung aus bekannten Lösungsansätzen: Grundlegend kann die Trainingsleitung die Teilnehmenden dazu einladen, Lösungen aus ihrem Arbeitsalltag einzubringen: „Was hat Ihnen in der Vergangenheit geholfen, effizient zusammenzuarbeiten?", „Welche Vorteile waren damit in Bezug auf welche Herausforderungen verbunden?", „Was müsste anders gemacht werden beziehungsweise welche Probleme waren mit Ihren Lösungen/Methoden verbunden?". Durch die Herstellung eines solchen Praxisbezugs wird die Gruppe auf besondere Art und Weise aktiviert.
- Brainstorming: Die Teilnehmenden werden dazu angehalten, frei Ideen zu nennen, die auf die Frage eingehen: „Welche Strategien können helfen, Ihre Herausforderungen zu lösen?". Bei der offenen Ideensammlung sollte darauf geachtet werden, dass es keine schlechten Ideen gibt. Quantität steht hier vor Qualität, um möglichst vielfältige Ansätze zu gewinnen.
- Brainwriting: Alle Teilnehmenden schreiben innerhalb von drei Minuten mögliche Lösungsansätze auf Karten oder Haftnotizen, die anschließend vorgestellt werden. Ein solches individuelles Arbeiten an Lösungsansätzen kann einer Gruppenphase vorausgestellt werden.

Der Schritt der Ideengenerierung endet mit einem Clustering, wonach die Vorschläge nach Ähnlichkeit zusammengefasst werden. In unserem Beispiel können diese folgendermaßen lauten:

- Lösungsansatz 1 Stakeholder-Analyse: Eine Stakeholder-Analyse erlaubt es, gezielt zu klären, welche Personen, Abteilungen und Bereiche unbedingt in das Projekt eingebunden werden sollten. Häufig erweist es sich dabei als sinnvoll, die zentralen Stakeholder direkt ins Kernteam aufzunehmen.
- Lösungsansatz 2 Best-Practice-Erfahrung der Trainingsleitung: Die Trainingsleitung berichtet, dass es eher selten vorkommt, dass zu viele Personen unbedingt Teil des Kernteams sein möchten. In der Praxis sind Projektmitarbeitende oft froh, wenn sie als Mitglieder der Peripherie gut informiert bleiben, dabei aber nicht zu viele zeitliche Ressourcen aufwenden müssen. Viel häufiger tritt dagegen die Situation ein, dass sich zu wenige Personen für das Kernteam finden. Hier empfiehlt es sich, frühzeitig informell vorzusorgen, indem zwei bis drei vertraute Personen gezielt angesprochen und für die Mitarbeit im Kernteam gewonnen werden.

C. Konkretisierung der Lösungsansätze

Nachdem erste Lösungsideen gefunden wurden, geht es nun darum, diese zu konkreten Lösungsansätze weiterzuentwickeln. Grundlegend sollte(n) die Lösung(en) mit dem größten Nutzen und geringsten Aufwand präzisiert werden.

Solche Lösungsansätze können anhand folgender Fragen präzisiert werden:

- „Wie würde eine perfekte Lösung aussehen und was müssen Sie tun, um diese zu erreichen?"
- „Wie realistisch ist die Umsetzung dieser Maßnahme?"
- „Welche Ressourcen sind dafür notwendig und wie können sie aktiviert werden?"
- „Welche kurzfristigen Vorteile können wir erwarten?"
- „Welche Risiken oder Widerstände können auftreten?"

In unserem Beispiel zur Frage, wie man mit einer zu großen oder zu kleinen Anzahl an Personen im Kernteam umgehen kann, könnte die Gruppe beispielsweise die Idee der Stakeholder-Analyse vertiefen: Die Teilnehmenden tauschen ihre Erfahrungen und Best Practices mit dieser Methode aus und entwickeln gemeinsam konkrete Leitfragen, um relevante Stakeholder für diesen Einzelfall zu identifizieren. Zudem könnte reflektiert und diskutiert werden, welche Personen sinnvollerweise bei der Durchführung einer solchen Analyse einbezogen werden sollten. Stößt die Idee auf großes Interesse, empfiehlt es sich, im Protokoll auf ein detailliertes methodisches Konzept zur Stakeholder-Analyse hinzuweisen.

Abschließend fasst die Trainingsleitung kurz die zentralen Ideen und Diskussionsergebnisse zusammen. Ziel ist, dass die Person, die das Thema eingebracht hat, mindestens eine konkrete Idee erhält, die direkt im Arbeitsalltag umsetzbar ist.

Tipps zur Gestaltung der Lösungsentwicklung

- Systemische Fragen: Ein tieferes Verständnis der Herausforderungen, aber auch der Lösungsansätze und vorhandene Stärken kann durch systemische Fragen erreicht werden (Patrzek 2021).
  - Zirkuläre Fragen z. B. „Wie denken Sie, dass andere Personen, etwa Ihre Kolleg:innen dieses Problem wahrnehmen?" oder „Was würden Ihre Kolleg:innen tun?"
  - Hypothetische Fragen z. B. „Angenommen, Sie hätten absolute Entscheidungsfreiheit – welche Lösung würden Sie wählen?"

– Ressourcenfragen z. B. „Welche Fähigkeiten, Erfahrungen oder Erfolge aus der Vergangenheit könnten uns helfen, dieses Problem zu lösen?"
– Paradoxe Fragen, z. B. „Was müsste passieren, damit das Problem noch größer wird/ damit die Lösung nur Probleme bringt?"

- Action-Pläne: Die Auflistung konkreter Handlungsschritte, die am nächsten Tag, in der Woche und im kommenden Monat umgesetzt werden können, helfen, die Umsetzung der Lösungen wahrscheinlicher zu machen.
- Hypothesenbildung: Die aktive und bewusste Bildung von Annahmen über die Problemlage oder Lösungsansätze erlaubt es deren Komplexität zu und Fehlerannahmen reduzieren.
- Ishikawa-Diagramm-Analyse (Ursachen-Wirkungs-Diagramm): Visuelle Darstellung, die bei der strukturierten Suche nach den Ursachen eines Problems unterstützt. Typischerweise werden mögliche Einflüsse in Kategorien wie „Mensch", „Methode", „Maschine", „Material", „Mitwelt" oder „Messung" gruppiert und diejenigen Faktoren, die größte Wirkung auf das Problem haben diskutiert, um gezielt Ansatzpunkte für Veränderungen und Priorisierung von Lösungsideen zu gewinnen.
- 5-Why-Methode: Mehrfaches Nachfragen nach dem „Warum?" (z. B. Warum passiert etwas so? Warum könnte eine Lösungsideen erfolgversprechend sein?) hilft, die wahren Ursachen eines Problems oder Faktoren für den Erfolg einer Ideen freizulegen, statt oberflächlich zu verbleiben.
- Force-Field-Analyse: Die Identifikation von „treibenden" und „hemmenden" Faktoren, die eine Veränderung beeinflussen ermöglicht ein gezieltes Vorgehen, bei dem es um Schritte geht, hemmende Kräfte zu minimieren oder umzukehren und treibende Kräfte weiter zu stärken.

D. Auswahl und Anpassung

In der letzten Phase der Entwicklung von Lösungsansätzen hat der/die Themengeber:in die Gelegenheit, eine oder zwei der erarbeiteten Lösungen, die für ihren Arbeitsalltag besonders relevant sind, auf ihre individuelle Situation anzupassen und nächste Schritte festzulegen. Die Trainingsleitung kann dabei darauf achten, dass diese Maßnahme sinnvoll formuliert sind – etwa anhand der SMART-Methode – sollte aber nicht als Oberlehrer auftreten.

Danach wiederholt sich das Vorgehen von A. bis D. mit der nächsten Frage/ Fragencluster oder Thema der Teilnehmenden. Der Hauptteil des MIKRO-Trainings ist beendet, wenn alle Teilnehmerthemen in diesem Modus ihre Themen bearbeitet haben und konkrete nächste Schritte festgehalten wurden.

5. Zusammenfassung und Verabschiedung (ca. 10 min)
Im abschließenden Schritt fasst die Trainingsleitung die zentralen Ergebnisse zusammen und initiiert eine Reflexion der Lernerfahrungen. Wir empfehlen eine Feedbackrunde zum Training selbst einzubauen (z. B. „Was hat gut funktioniert?", „Welchen Verbesserungstipp haben Sie?"), um gezielt Anpassungen in künftigen Trainings vornehmen zu können. Zudem sollte auf ergänzende Trainings und Unterstützungsangebote hingewiesen werden, insbesondere dann, wenn das MIKRO-Training Teil einer Serie ist. Bei Bedarf können Nachbesprechungen vereinbart werden, die Maßnahmenumsetzung zu reflektieren. Ergänzend kann die Trainingsleitung auf vertiefende Inhalte verweisen. Der Verweis darauf, dass sich die Teilnehmenden untereinander – virtuell oder persönlich – austauschen können und darauf, dass sie alltägliche Herausforderungen in ähnlicher Form mit ihren Kolleg:innen bearbeiten können schließt unser Training in der Regel ab.

Herausforderungen bei der Durchführung
Wie in klassischen Trainings auch, sind eine vertrauensvolle Atmosphäre und klare Erwartungen bei der Durchführung von MIKRO-Trainings grundlegend. Eine offene Kommunikation, die signalisiert, dass alle Perspektiven willkommen sind, kann bereits durch die Begrüßung und eine informelle Vorstellungsrunden etabliert werden. Weiterhin sollten die Besonderheiten des Formats, wie der hohe Praxisbezug und die Interaktivität, klar und anschaulich erklärt werden, um Missverständnisse zu vermeiden. Aus gleichen Gründen empfiehlt sich eine klare Agenda und Visualisierung der Trainingsziele.

Daneben tritt die aktive Einbindung der gesamten Gruppe. Dem Problem, dass manche Teilnehmenden entweder keine Herausforderungen in ihrem Arbeitsalltag erfahren oder keine Notwendigkeit sehen, neue Lösungen auszuprobieren oder aber deren Wirksamkeit bezweifeln, wie es häufig in klassischen Trainings der Fall ist, begegnen wir im MIKRO-Training selten, da die Teilnehmenden in der Regel selbst entscheiden, ob sie an einem Training teilnehmen möchten. Dennoch können einige Teilnehmende passiv bleiben und eine zurückhaltende Haltung einnehmen oder Schwierigkeiten haben, konkrete Vorschläge einzubringen, während andere, gerade in der Phase der Lösungsfindung, das Geschehen dominieren können. Eine gezielte Moderation, die etwa über verschiedene Fragetechniken die unterschiedlichen Perspektiven einholt und alle Teilnehmenden aktiviert, ist dabei essenziell. Gerade bei der Sammlung der Herausforderungen der Teilnehmenden und der Anpassung der Lösungsansätze sollte die Trainingsleitung Sicherheit geben und darauf achten, dass alle Teilnehmenden beteiligt sind, indem sie ihre Herausforderungen einbringen und ihre individuellen Maßnahmen konkret formulieren.

Trotz des kompakten Formats stellt die zeitliche Taktung eines MIKRO-Trainings einige Herausforderungen an die Durchführung. Bereits beim Trainer-Input gilt es, die richtige Balance zwischen prägnanter Darstellung und ausreichender fachlicher Tiefe zu finden: Ist der Input zu oberflächlich, fühlen sich Teilnehmende nicht ausreichend informiert; ist er zu detailliert, leidet die Aufmerksamkeit, und den interaktiven Phasen bleibt zu wenig Raum. Eine durchdachte Struktur und Moderation sorgen dafür, dass alle Inhalte abgedeckt werden und gleichzeitig genug Zeit für Diskussionen und Reflexion bleibt.

Letztlich besteht die Gefahr, dass Lösungsansätze zu abstrakt bleiben – vor allem wenn die Gruppe sehr viele und ungenau formulierte Herausforderungen einbringt. Das erschwert eine konkrete Lösungsentwicklung. Wenn Herausforderungen schwerfällig beschrieben werden, deutet das oft darauf hin, dass das Thema des MIKRO-Trainings nicht passend ausgewählt wurde. Die Trainingsleitung sollte daher einerseits mit gezielten Fragen sicherstellen, dass die Teilnehmenden ihre Herausforderungen präzise benennen. Nur so kann das MIKRO-Training seine Wirkung entfalten und alltägliche Probleme fundiert bearbeiten. Andererseits ist es hilfreich, nicht zu viele konkrete Herausforderungen zu sammeln. Ein bis drei Themen pro Person genügen, um sie gründlich zu clustern, zu priorisieren und anschließend praxisnah zu bearbeiten.

Darüber hinaus lohnt es sich, die Teilnehmenden dazu zu ermutigen, ihre Lösungsvorschläge in realistische, umsetzbare Schritte herunterzubrechen. Nachfragen wie „Wie könnte das konkret aussehen?" oder „Welche ersten Schritte wären dafür notwendig?" helfen, die Diskussion zu strukturieren; der Einsatz von SMART-Kriterien unterstützt die Erfolgswahrscheinlichkeit im Arbeitsalltag. Allerdings kann es passieren, dass die Gruppe nur auf vertraute Lösungswege setzt und innovative Ansätze übersieht. Hier können gut vorbereitete Best Practices und externe Fallbeispiele den Horizont der Teilnehmenden erweitern.

Tipps für die Trainingsleitung

- Zeitmanagement: Achten Sie darauf, die einzelnen Phasen im vorgesehenen Zeitrahmen zu halten, damit alle relevanten Aspekte behandelt werden. Führen Sie die Teilnehmenden aktiv durch den Prozess und verdeutlichen Sie, wo im Ablauf sie sich gerade befinden. Ein MIKRO-Training kann auch erfolgreich sein, wenn es vorzeitig endet oder nur wenige Themen bearbeitet werden – nutzen Sie die verbleibende Zeit für Fragen und Vertiefungen, da hier oft wertvolle Impulse entstehen.

- Wertschätzende Lernatmosphäre: Sorgen Sie für eine positive Stimmung, die Offenheit und Beteiligung fördert. Geben Sie den Teilnehmenden Zeit, ihre Herausforderungen zu formulieren – nicht jeder spricht sofort über seine Themen. Vertrauen wächst im Laufe des Trainings, daher sollte der Fokus darauf liegen, die Anliegen der Gruppe zu priorisieren, anstatt ein starres Pensum abzuarbeiten.
- Vertrautheit mit der Methode: Beherrschen Sie den Ablauf und die Struktur des Trainingsformats, aber auch die Inhalte der Inputs. Eine klare Moderation unterstützt den Prozess und stellt sicher, dass die Teilnehmenden zielgerichtet zu praxisnahen Lösungen gelangen.
- Gruppendynamiken: Jede Gruppe ist anders – passen Sie sich an das Tempo, die Bedürfnisse und die Interaktionsmuster der Teilnehmenden an. Bleiben Sie offen für spontane Fragen und thematische Vertiefungen, wenn sie den Lernprozess bereichern und sorgen Sie dafür, dass alle Teilnehmenden zu Wort kommen, z. B. durch Rundfragen: „Was ist Ihre Sichtweise auf diesen Punkt?". Darüber hinaus können manche Themen – wie Konflikte, Misserfolge oder persönliche Schwächen – emotional aufgeladen sein und Hemmungen oder Spannungen in der Gruppe auslösen. Fördern Sie hier eine sachliche, wertfreie Diskussion und moderieren Sie emotional aufgeladene Themen sensibel.

3.4   Nachbereitung

Die Nachbereitung eines MIKRO-Trainings bietet die Chance, die Qualität des Formats zu sichern und zukünftige Angebote kontinuierlich zu verbessern. Durch Reflexion, Anpassung der Inhalte, eine enge Abstimmung mit den Auftraggebenden und die Dokumentation der Ergebnisse wird sichergestellt, dass Trainings langfristig erfolgreich wirken.

Selbstreflexion der Trainingsleitung
Die Selbstreflexion der Trainingsleitung dient dazu Erfolgsfaktoren und potenzielle Schwachstellen zu identifizieren. Jede Phase des Ablaufs des MIKRO-Trainings kann auf ihre Stärken und Schwächen hin reflektiert werden: „Welche Aspekte des Trainings haben besonders gut funktioniert?", „Gab es Herausforderungen oder Hürden in der Durchführung?", „Wie haben die Teilnehmenden auf den Input und die Übungen reagiert?", „Welche Moderationstechniken haben gut funktioniert?" und „Wie habe ich die Gruppe aktiviert und eingebunden?". Auf www.mikro-training.de finden Sie einen umfänglichen Fragenkatalog, der die Reflexion Ihrer MIKRO-Trainings anregen kann.

Feedback der Teilnehmenden
Die Teilnehmenden sollten – ob schriftlich oder mündlich – Feedback geben können. So wird sichergestellt, dass Inhalte und Methoden kontinuierlich an die Bedürfnisse der Zielgruppe angepasst werden. Wichtige Fragen zur Rückmeldung umfassen beispielsweise: „Welche Inhalte wurden als besonders hilfreich empfunden?" und „Was sollte in Zukunft anders gemacht werden?". Einen Feedbackbogen finden Sie unter www.mikro-training.de.

Es empfiehlt sich auch, den Teilnehmenden relevante Materialien (z. B. Methoden, Konzepte und Best-Practices, Checklisten, Mini-Guides, Links zu weiterführenden Ressourcen) zur Verfügung zu stellen, um den Transfer der entwickelten Lösungen in ihren Arbeitsalltag zu erleichtern.

Auf Basis der Selbstreflexion und der Feedbackauswertung können die Trainings angepasst und kontinuierlich verbessert werden. Insbesondere für MIKRO-Trainings, die erneut oder in ähnlicher Form angeboten werden, sollte so der Lernerfolge gesichert werden. Tauchen umfänglich Anpassungen auf, sollten diese mit den Auftraggebenden abgestimmt werden.

Absprachen mit den Auftraggebenden

Bei einer Reihe aufeinanderfolgender MIKRO-Trainings ist es ratsam, Auftraggebende regelmäßig über Fortschritte und Ergebnisse zu informieren. Dabei hilft eine kurze Berichterstattung, die identifizierte Herausforderungen und entwickelte Lösungen zusammenfasst. Auf diese Weise können Erfolge sichtbar gemacht und gemessen, sowie mögliche nächste Schritte, wie weiterführende Trainings oder Workshops, abgestimmt werden.

Insbesondere beim letzten Termin einer Trainingsreihe empfiehlt sich die Erstellung eines ausführlichen Abschlussberichts. Dieser dokumentiert nicht nur die Ergebnisse und das Teilnehmenden-Feedback, sondern bietet zudem Empfehlungen für weitere Maßnahmen. So wird sichergestellt, dass die Wirkung des MIKRO-Trainings langfristig erhalten bleibt und künftige Formate weiter an Qualität gewinnen. Einen solchen Abschlussbericht finden Sie auf www.mikro-training.de.

Mit kleinen Impulsen neue Lernkulturen entwickeln

4

Die moderne Arbeitswelt ist geprägt durch raschen technologischen Fortschritt, dynamische Marktanforderungen und andere komplexe Herausforderungen, wie neue Formen der Zusammenarbeit, die Unternehmen dazu auffordern Schritt zu halten. Eine Lernkultur, die kontinuierliches Lernen aktiv fördert, Wissensaustausch und gemeinsame Reflexion zum festen Bestandteil der Organisation macht und Mitarbeitende und Führungskräfte ermutigt, sich fortlaufend neue Kompetenzen anzueignen und vorhandene Fähigkeiten weiterzuentwickeln – ohne sie mit hohen Anpassungserwartungen zu überfordern – ist ein entscheidender Faktor für Unternehmenserfolg. Zugleich signalisiert eine gelebte Lernkultur den Mitarbeitenden Wertschätzung, steigert deren Zufriedenheit und Loyalität zum Unternehmen und verringert so die Fluktuation.

4.1 MIKRO-Trainings und neue Lernkulturen

Herausforderungen bei der Entwicklung einer Lernkultur
In vielen Organisationen wird Lernen nach wie vor als Zusatzaufgabe gesehen, statt als integraler Bestandteil der täglichen Arbeit. In eng getakteten Abläufen bleibt meist wenig Raum, um neben operativen Aufgaben neues Wissen zu erwerben oder aktuelle Herausforderungen reflektiert anzugehen. Lerninitiativen scheitern zudem oft an fehlenden Ressourcen: Zeit, finanzielle Mittel und geeignete (digitale) (Lern-)Plattformen stehen nur begrenzt zur Verfügung, sodass Lernprogramme eher symbolisch als nachhaltig wirken.

Ein weiteres Hindernis liegt in der geringen Wertschätzung kontinuierlichen Lernens. Starre Hierarchien, mangelnde Fehlerfreundlichkeit und isolierte Wissenssilos verhindern, dass wertvolles Wissen innerhalb der Organisation effektiv geteilt und weiterentwickelt wird. Hinzu kommt, dass Führungskräfte nicht immer als Vorbilder auftreten: Wer selbst keine Offenheit für kontinuierliches Lernen und konstruktiven Umgang mit Fehlern zeigt, signalisiert dem Team, dass Weiterbildung zweitrangig ist.

Zudem variieren die individuellen Lernbedürfnisse, Kompetenzen und Interessen stark. Mitarbeitende fühlen sich teilweise überfordert, wenn neues Wissen unmittelbar angewandt werden muss, während andere mit Leichtigkeit Anpassungen vornehmen. Auch fehlende individuelle Lernstrategien oder mangelnde digitale Kompetenzen erschweren die Etablierung einer einheitlichen Lernkultur zusätzlich. Hoher Anpassungsdruck erhöht schließlich das Risiko von Überforderung und innerem Widerstand. Eine nachhaltige Lernkultur muss daher flexibel auf unterschiedliche Bedürfnisse reagieren, unterstützende Strukturen schaffen und eine vertrauensvolle Atmosphäre fördern.

Wie MIKRO-Trainings zu einer nachhaltigen Lernkultur beitragen

MIKRO-Trainings unterstützen eine Lernkultur, in der kontinuierliches Lernen, Selbstreflexion und Wissensaustausch selbstverständlich sind. Ihre kompakte Dauer von zwei bis drei Stunden ermöglicht es, sie unkompliziert in den Arbeitsalltag zu integrieren – selbst in engen Terminkalendern von Mitarbeitenden und Führungskräften. Da sie bedarfsorientiert konzipiert sind, bauen sie neues Wissen und neue Kompetenzen und Fähigkeiten genau dann auf, wenn diese tatsächlich benötigt werden – beispielsweise bei veränderten Marktanforderungen oder technologischen Neuerungen.

Indem MIKRO-Trainings konkrete Herausforderungen aus dem Arbeitsalltag aufgreifen, bleiben die Inhalte praxisnah und direkt anwendbar. Dies reduziert Überforderung und ermöglicht, Herausforderungen als Lerngelegenheiten zu begreifen. Mitarbeitende erleben ihre Probleme als lösbar, entwickeln eine höhere Motivation und sind eher bereit, innovative Ansätze auszuprobieren. Diese lösungsorientierte Herangehensweise stärkt die psychologische Sicherheit und fördert Experimentierfreude im Umgang mit bekannten sowie neuen Fragestellungen.

Die interaktive Entwicklung von Lösungen während der MIKRO-Trainings erweitert nicht nur die fachliche Kompetenz, sondern fördert auch interne Vernetzung. Teilnehmende lernen voneinander, überwinden dadurch Wissensbarrieren und gestalten aktiv Lernprozesse mit. Dies stärkt eine Kultur, in der Mitarbeitende Verantwortung für ihre persönliche Entwicklung übernehmen und gleichzeitig Wissen aktiv austauschen.

Regelmäßig durchgeführte MIKRO-Trainings bieten somit nicht nur pragmatische Antworten auf akute Herausforderungen, sondern schaffen langfristig eine

Umgebung, in der kontinuierliches Lernen und Reflexion feste Bestandteile der Unternehmenskultur sind.

4.2 Tipps bei der Einführung von MIKRO-Trainings

Die Einführung von MIKRO-Trainings eröffnet Organisationen vielfältige Chancen, bringt jedoch auch spezifische Herausforderungen mit sich. Die folgenden Tipps und Praxisempfehlungen unterstützen Sie dabei, typische Hürden frühzeitig zu erkennen, Akzeptanz aktiv zu fördern und MIKRO-Trainings erfolgreich sowie nachhaltig in Ihrer Lernkultur zu verankern.

Typische Hindernisse bei der Einführung von MIKRO-Trainings

- *Widerstand, Akzeptanz und Verständnis für das Format:* Die Einführung neuer Lernformate stößt häufig auf Skepsis, besonders in Unternehmen, deren Kultur Fehlerfreundlichkeit und Experimentierfreude wenig fördert. Führungskräfte und Mitarbeitende bevorzugen oft Gewohntes. Insbesondere, wenn das neue Format als kaum etabliert wahrgenommen wird, entstehen Zweifel an dessen Nutzen und Mehrwert, dann besteht etwa die Befürchtung, dass „kurze" Trainings nicht ausreichend in die Tiefe gehen oder oberflächlich bleiben. Das ist gerade dann der Fall, wenn MIKRO-Trainings als einmalige Maßnahmen statt als kontinuierliche Lernimpulse eingesetzt werden.
- *Ressourcenengpässe (personell und technologisch):* MIKRO-Trainings benötigen geeignete Ressourcen, die in Organisationen nicht immer selbstverständlich vorhanden sind. Häufig fehlen kompetente Trainer:innen, die sowohl die methodische Flexibilität als auch fachliche Tiefe beherrschen, um Trainings erfolgreich durchzuführen. In einigen Fällen mangelt es auch an geeigneten digitalen Tools und Plattformen, die eine einfache Durchführung und Nachbereitung ermöglichen würden. Finanzielle Engpässe sind aufgrund der kompakten Struktur selten problematisch, da MIKRO-Trainings kostengünstig realisierbar sind. Auch zeitliche Einschränkungen treten kaum auf, da die kurzen Einheiten meist nahtlos in bestehende Arbeitsabläufe und aktuelle Herausforderungen integriert werden können, ohne dass Teilnehmende das Gefühl haben, wertvolle Zeit zu verlieren.

Erfolgsfaktoren und praktische Tipps bei der Einführung

Die folgenden Praxistipps helfen Ihnen dabei, MIKRO-Trainings nachhaltig in Ihrer Organisation zu verankern und deren volles Potenzial gezielt zu entfalten.

- Klare Kommunikation und attraktive Themenwahl: Eine erfolgreiche Einführung von MIKRO-Trainings beginnt mit transparenter Kommunikation. Der konkrete Nutzen des Formats sollte Mitarbeitenden und Führungskräften klar vermittelt werden – idealerweise über präzise und ansprechende Überschriften, die den Mehrwert im Arbeitsalltag unmittelbar erkennen lassen. Eine gut geplante interne Kommunikationsstrategie über Intranet, Newsletter oder Meetings stellt sicher, dass alle Zielgruppen rechtzeitig informiert und motiviert werden. Insbesondere Entscheider:innen wie HR- oder Personalentwicklungsverantwortliche sollten frühzeitig eingebunden werden, um Vorbehalte abzubauen und die interne Akzeptanz des Formats nachhaltig zu sichern.
- Zielgruppe frühzeitig und konsequent einbinden: Die aktive Einbindung der Zielgruppe bereits während der Themenfindung steigert Akzeptanz und Erfolgschancen der MIKRO-Trainings deutlich. Methoden wie Interviews, Fokusgruppen oder regelmäßige Befragungen helfen, aktuelle Herausforderungen und Bedürfnisse aus dem Arbeitsalltag zu erfassen. Durch eine frühe Beteiligung fühlen sich Mitarbeitende wertgeschätzt und bringen sich aktiver in den Prozess ein. Dadurch steigen Praxisnähe und Relevanz der Trainings und damit das Engagement der Teilnehmenden.
- Anpassung an Unternehmenskultur und Flexibilität: Jede Organisation hat ihre eigene Unternehmenskultur, die bei der Einführung von MIKRO-Trainings berücksichtigt werden sollte. Trainings müssen flexibel genug sein, um sich kulturellen Besonderheiten anzupassen – beispielsweise durch die Anpassung von Methoden, Kommunikationsweisen oder der Intensität der Interaktion. Diese Flexibilität erleichtert die Akzeptanz erheblich und sorgt dafür, dass sich das Format organisch in bestehende Strukturen integriert.
- Schrittweise Implementierung und Pilotprojekte: Ein evolutionärer Ansatz – die schrittweise Einführung und kontinuierliche Weiterentwicklung von MIKRO-Trainings – fördert nachhaltig deren Akzeptanz. Pilotprojekte bieten ideale Rahmenbedingungen, um das Format zunächst risikoarm zu testen, Feedback einzuholen und erste Erfolge sichtbar zu machen. So lassen sich frühzeitig Erkenntnisse gewinnen, Anpassungen vornehmen und mögliche Vorbehalte reduzieren.
- Kontinuierliche Evaluation und Anpassung: Ein zentraler Erfolgsfaktor von MIKRO-Trainings liegt in der kontinuierlichen Evaluation ihrer Wirksamkeit.

Durch systematisches Sammeln von Feedback – mithilfe von kurzen Feedback-bögen (siehe dazu www.mikro-training.de) oder Gruppendiskussionen sowie Follow-Up-Befragungen nach einigen Wochen – können Organisationen den Lernfortschritt messen und sichtbar machen. Diese regelmäßige Evaluation erlaubt eine schnelle Anpassung der Inhalte und Methoden, wodurch der nachhaltige Nutzen der Trainings gewährleistet bleibt. Darüber hinaus können die Zielgruppen als Filter verstanden werden: Werden MIKRO-Trainings kaum frequentiert, ist das ein Indiz dafür, dass sie die Herausforderungen der Zielgruppen kaum reflektieren.

- Ressourcen bereitstellen und Management einbinden: Die nachhaltige Verankerung von MIKRO-Trainings benötigt ausreichende Ressourcen wie zeitliche Freiräume, geeignete technische Tools (z. B. digitale Lernplattformen) sowie professionell qualifizierte Trainer:innen. Entscheidend ist dabei die frühzeitige Einbindung der Geschäftsführung und des Managements, um die notwendigen Ressourcen langfristig sicherzustellen. Nur wenn Entscheider:innen den Mehrwert kontinuierlicher Weiterbildung erkennen, werden sie entsprechende Ressourcen bereitstellen und somit die langfristige Implementierung unterstützen.

- Förderung nachhaltiger Lernstrukturen und Vernetzung: MIKRO-Trainings entfalten ihren größten Nutzen, wenn sie nicht isoliert angeboten, sondern in bestehende Lernstrukturen integriert werden. Die regelmäßige Teilnahme an MIKRO-Trainings sollte daher durch gezielte Angebote unterstützt werden, die potenziell einen kontinuierlichen Austausch und eine Vertiefung der Lerninhalte ermöglichen. Zusätzlich empfehlen sich interne Wissensplattformen oder Netzwerke, in denen Erkenntnisse dauerhaft geteilt und organisationsweit genutzt werden können. Solche Maßnahmen stärken nachhaltig die Kompetenzentwicklung, fördern eine lebendige Lernkultur und tragen zur langfristigen Weiterentwicklung der gesamten Organisation bei.

4.3 Auf zu neuen Ufern

Im Rahmen dieses Buches haben wir zahlreiche alltägliche Herausforderungen beleuchtet und dafür passende MIKRO-Trainings vorgestellt. Mit etwas außergewöhnlichen Themen – „Führung in Extremsituationen", „Psychologie und unkonventionelle Führungsmethoden" und „Neue Formen der Zusammenarbeit" – möchten wir Führungskräfte, HR-Profis, Trainer:innen, Coach:innen und engagierte Mitarbeitende – sowie die Personal- und Organisationsentwicklung insgesamt ermutigen, mithilfe von MIKRO-Trainings eine aktive Lernkultur in ihren Arbeitskontexten zu etablieren: „Vom Helden zum Sündenbock? Wie du dich als Führungskraft in Krisen schützt", „Wenn das Team dich testet: Machtspiele, Widerstand & stille Rebellion erkennen und meistern", „Jenseits der Komfortzone: Verblüffend andere Wege, Teams zu begeistern", „Mind Bending Leadership: Unkonventionelle Ideen für nachhaltige Verhaltensänderungen", „Wie gelingt es mir als Führungskraft, leistungsschwache Mitarbeiter gezielt zu fördern?", „Manipulation oder Motivation? Wie du Einfluss nimmst, ohne zu tricksen", „Die Kunst der Provokation: Wann und wie Reibung dein Team wirklich voranbringt", „KI als dein neuer Co-Lead: Wie künstliche Intelligenz deine Arbeit verändert und du diese Veränderung nutzen kannst", „Führen ohne Chef zu sein: Wie du Teams lenkst, ohne Machtinstrumente zu nutzen", „Generation Z, Work-Life-Balance & das neue Spiel der Führung", „Vom Babyboomer bis zur Gen Z: Führung, die alle mitnimmt", „Wie gelingt es mir als Führungskraft, die Zusammenarbeit zwischen verschiedenen Generationen zu fördern?", „Radikale Flexibilität: Wie Führung funktioniert, wenn dein Team von überall arbeitet", „Fail fast, learn faster: Warum du Fehler feiern solltest – und wie du es richtig machst", „Von starren Silos zu flexiblen Netzwerken: Radikal kollaboratives Arbeiten im Unternehmen", „Weniger Hierarchie, mehr Kreativität: Wege zur selbstorganisierten Teamkultur", „Experimentieren statt Organigramm: Wie Sie mit neuen Methoden Kooperation neu denken".

Neue Strömungen entstehen, Wetterumschwünge erzwingen Kurskorrekturen, und alte Karten reichen nicht mehr aus, um sicher ans Ziel zu gelangen. Genau das ist die Realität des modernen Organisationsalltags: Veränderung ist unvermeidlich – entscheidend ist, wie wir darauf reagieren. MIKRO-Trainings schaffen keine ruhige See und sind kein Allheilmittel. Aber sie helfen dabei, in stürmischen Zeiten handlungsfähig zu bleiben. Sie helfen dabei, Segel schnell anzupassen, wenn neue Herausforderungen auftauchen, die Crew gezielt weiterzuentwickeln und die Zusammenarbeit so zu organisieren, dass das Schiff nicht nur sicher von Hafen zu Hafen gelangt, sondern zu neuen Ufer gelangt.

Was Sie aus diesem *essential* mitnehmen können

- Was MIKRO-Trainings sind und wie Sie diese mühelos in Ihre Organisation integrieren.
- Wie Sie mit kurzen und fokussierten Lerneinheiten schnell auf neue Herausforderungen reagieren können und eine neue Lernkultur in Ihrer Organisation erschaffen.
- Erfahren Sie, wie Sie Schritt für Schritt eigene MIKRO-Trainings konzipieren und durchführen.
- Gewinnen Sie wertvolle Impulse aus echten Best-Practice-Fällen, die Sie sofort auf Ihre eigenen Projekte übertragen können.
- Lernen Sie die zentralen Erfolgsfaktoren kennen, um MIKRO-Trainings wirksam in Ihre bestehende Weiterbildungsstrategie einzubetten.

© Der/die Herausgeber bzw. der/die Autor(en), exklusiv lizenziert an Springer-Verlag GmbH, DE, ein Teil von Springer Nature 2025
C. Wißmann und F. M. Bathon, *Mikro-Trainings*, essentials,
https://doi.org/10.1007/978-3-662-71763-9

Literatur

Becker, F. 2016. Teamarbeit, Teampsychologie, Teamentwicklung. So führen Sie Teams! Wiesbaden: Springer VS.

Cepeda, N. J., Pashler, H., Vul, E., Wixted, J. T., und Rohrer, D. 2006. Distributed practice in verbal recall tasks: A review and quantitative synthesis. Psychological Bulletin 132, 354–380.

Fiorella, L., und Mayer, R. E. 2016. Eight ways to promote generative learning. Educational Psychology Review 28, 717–741.

Frese, M., und Keith, N. 2015. Action errors, error management, and learning in organizations. Annual Review of Psychology 66, 661–687.

Hug, T., Hrsg. 2007. Didactics of microlearning: Concepts, discourses, and examples. Münster: Waxmann Verlag.

Janes, A. 2023. Organisationsberatung. Socialnet Lexikon. https://www.socialnet.de/lexiko n/788. Zugegriffen: 23. Dezember 2024.

Kiper, H. 2008. Zur Diskussion um Heterogenität in Gesellschaft, Pädagogik und Unterrichtstheorie. In Lernarrangements für heterogene Gruppen, Hrsg. H. Kiper, S. Miller, C. Palentien und C. Rohlfs, 78–105. Bad Heilbrunn: Verlag Julius Klinkhardt.

Kotter, J. P. 2011. Leading Change: Wie Sie Ihr Unternehmen in acht Schritten erfolgreich verändern. München: Vahlen.

Lave, J., und Wenger, E. 1991. Situated Learning: Legitimate Peripheral Participation. Cambridge: Cambridge University Press.

Lewin, K. 1947. Frontiers in group dynamics. Concept, method and reality in social science. Social equilibria and social change. Human Relations 1, 5–41.

Muster, J., Büchner, S., Hoebel, T., und Koepp, T. 2020. Führung als erfolgreiche Einflussnahme in kritischen Momenten. Grundzüge, Implikationen und Forschungsperspektiven. In Managementmoden in der Verwaltung. Sinn und Unsinn, Hrsg. C. Barthel., 285–305. Wiesbaden: Springer VS.

Panadero, E. 2017. A review of self-regulated learning: Six models and four directions for research. Frontiers in Psychology 8, 1–28.

Patrzek, A. 2021. Systemisches Fragen: Professionelle Fragekompetenz für Führungskräfte, Berater und Coaches. Wiesbaden: Springer.

Salas, E., Tannenbaum, S. I., Kraiger, K., und Smith-Jentsch, K. A. 2012. The science of training and development in organizations: What matters in practice. Psychological Science in the Public Interest, 13, 74–101.

Schmid, B., Veith, T. und Weidner, I. 2023. Einführung in die kollegiale Beratung. Heidelberg: Carl-Auer Verlag.

Selan, E. 2017. Der klare Unterschied zwischen Trainern, Beratern und Coaches. https://www.hrweb.at/2017/03/der-klare-unterschied-zwischen-trainer-beratern-coaches/. Zugegriffen am 2. November 2024.

Sweller, J. 1988. Cognitive load during problem solving: Effects on learning. Cognitive Science 12, 257–285.

Tietze, K.-O. 2010. Wirkprozesse und personenbezogene Wirkungen von kollegialer Beratung: Theoretische Entwürfe und empirische Forschung. Wiesbaden: VS Verlag für Sozialwissenschaften.

Weidenmann, Berns. 2020. Mini-handbuch. Kreativ Probleme lösen. Weinheim: Belz.

Werkmann-Karcher, B. 2023. Teamarbeit, Teamleistung und Teamentwicklung. In Personalpsychologie für das Human Resource Management, Hrsg. Werkmann-Karcher B., Müller B. und Zbinden, T., 173–210. Wiesbaden: Springer VS.

Whitmore, J. 2017. Coaching for Performance: The Principles and Practice of Coaching and Leadership. London: John Murray Business.

Wimmer, A. J. 2020. Das Lernen in heterogenen Teilnehmergruppen – Wieso Unterschiedlichkeit lernförderlich ist. https://andrea-schauf.com/das-lernen-in-heterogenen-teilnehmergruppen/. Zugegriffen am 4. Dezember 2024.